스포츠에 답이 있다

스포츠에 관한 인문학적 성찰

스포츠에 답이 있다

스포츠에 관한 인문학적 성찰

2019년 9월 1일 1판 1쇄

지은이 이철원
펴낸곳 연세대학교 대학출판문화원
주소 서울시 서대문구 연세로 50
등록 1955년 10월 13일 제9-60호
전화 02) 2123-3380~2
팩스 02) 2123-8673
전자우편 ysup@yonsei.ac.kr
웹사이트 http://press.yonsei.ac.kr
인쇄 (주)화신문화
ISBN 978-89-6850-355-9(03690)

값 12,000원

이 도서의 국립중앙도서관 출판예정도서목록(CIP)은 서지정보유통지원시스템 홈페이지(http://seoji.nl.go.kr)와 국가자료종합목록 구축시스템(http://kolis-net.nl.go.kr)에서 이용하실 수 있습니다.
(CIP제어번호 : CIP2019033255)

스포츠에 답이 있다

스포츠에 관한 인문학적 성찰

이철원 지음

연세대학교 대학출판문화원

프롤로그

PROLOGUE

마이클 래드포드 감독의 영화 〈일 포스티노〉(Ill Postino)에는 이탈리아의 작은 섬마을로 망명한 칠레의 위대한 시인인 파블로 네루다와 시인에 관심을 보이는 청년 마리오가 나옵니다. 섬 청년 마리오는 네루다가 시를 쓰기에 여자들에게 인기가 많은 것을 부러워하며 시를 배웁니다. 섬, 바다, 해변, 하늘, 별 등을 보고 은유적인 표현을 느껴보라는 네루다의 말대로 마리오는 그 느낌으로 시를 쓰기 시작합니다. 네루다가 칠레로 귀국한 후에 마리오는 노동자 총궐기대회에 참여해서 시를 낭독하려다가 경찰의 과잉진압으로 그만 사망합니다.

죽기 전에 마리오는 위대한 시인과의 만남으로 시를 배우고, 쓰고, 깨달은 후에 올바른 삶의 정신에 대하여 배우게 되지요. 마리오의 삶 속에 시가 들어와 그의 인생 전체가 바뀌었듯이, 제 삶에 어느 순간 스포츠가 파고 들어와 생 전체를 뒤흔들었습니다.

이 책은 제 일상을 뒤흔들었던 스포츠의 마력에 대한 저의 소회(所懷) 모음입니다.

저는 스포츠에는 우리 삶을 헤쳐 나갈 수 있는 '답'이 있다고 생각합니다. 삶의 무게로 인하여 앞으로 나가기 힘들 때에 잠시 스포츠 안을 바라보면 저는 앞으로 나갈 수 있는 힘을 발견하게 됩니다.

이 책은 스포츠 안에 들어있는 삶의 지혜를 이해하기 위해 사회, 경제, 건강과 교육이라는 네 가지 방향으로 나아가 보았습니다.

스포츠는 IMF 환난기에 우리에게 극복할 수 있는 의지를 주고, 월드컵 때에는 우리 모두에게 붉은색 옷을 입혀 시청 앞으로 이끌며, 메이저리그에서 자신 보다 훨씬 큰 타자를 잡아내는 한국인 투수의 모습에서 자신감을 얻게 하고, 좋아하는 선수의 천문학적 이적료에 입이 벌어지게 하고, 백세를 살 수 있는 자신감을 주기도 하고, 그리고 소외된 이웃과 함께 운동할 수 있는 방법에 대한 진지한 고민도 하게 합니다. 스포츠는 팔색조와 같은 변모를 통해 우리 생 앞에 당당히 여러 문제들을 던집니다. 저는 그것들을 마주하면서 스포츠 안에서 또 다른 인간 사회를 발견합니다. 이를 통하여 어떻게 인간다운 사회를 만들 수 있는지에 대하여 성찰하게 됩니다.

여기에 적은 글들은 우리 곁에 너무나 가까이에 있어 소중함을 느낄 수 없는 스포츠의 이모저모에 대하여 기술하고자 했습니다. 저는 다년간의 강의 노트와 메모들을 정리하면서 큰 환희를 느꼈습니다. 자료를 정리하면서 스포츠가 우리에게 이야기하는 메시지를 생각해보고, 그 안에 포함된 크고 작은 힘들에 대하여 사유해보았습니다. 이 작업을 통해 파스칼 키냐르가 가르쳐준 글쓰기의 본질에 대하여 생각할 수 있었습니다.

"나는 생존을 위해 글을 썼다. 내가 글을 썼던 이유는 글만이 침묵을 지키며 말을 할 수 있는 유일한 방식이었기 때문이다. 말을 거부하며 말하기, 말없이 말하기, 길목에 지켜 서서 결여된 단어를 기다리기, 독서하기, 글쓰기, 이 모두가 동일한 것이다."[1]

위의 키냐르의 말처럼, 스포츠에 대한 진정성 있는 글은 생존을 걸지 않으면 나오지 않을 것입니다. 저는 글을 쓰는 동안 '침묵을 지키며 말하기'라는 화두를 들고, 스포츠를 둘러싼 말, 글, 경청, 독서, 단어, 성찰, 반성 등에 대하여 열심히 표현해보고자 노력했습니다. 저의 흥미로운 체험을 독자들과 나누고 싶습니다.

인문학은 인간이 그리는 무늬입니다. 인간이 살아온 궤적을 반성하고 인간이 만든 문화에 대하여 이해하는 공부가 인문학이라 생각합니다. 저는 이번에 인문학이라는 지도를 들고 스포츠라는 미로 속을 헤매면서 마음껏 사유할 수 있었습니다. 이 책을 통해 제가 스포츠 안에서 즐겼던 인문학적 성찰을 스포츠를 좋아하는 모든 이들이 함께 나누기를 소망합니다.

신촌 연구실에서

이철원

---

1 파스칼 키냐르(2005). 혀끝에서 맴도는 이름(송의경 역). 서울: 문학과 지성사. p71.

프롤로그

1장. 스포츠와 사회

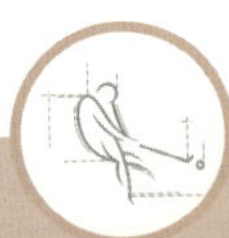

차례

2장. 스포츠와 경제

3장. 스포츠와 건강

차례

4장. 스포츠와 교육

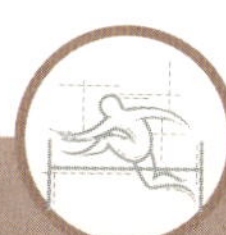

PART 01

스포츠와 사회

01 스포츠는 만병 통치약인가?

스포츠는 실제 세계 속 허상(虛像)이다. 스포츠에서 일어나는 일이 아무리 스펙터클 하다고 해도 그것이 내 삶에 온전히 미치는 영향은 한정적이다. 얼마 전에 끝난 한일전 축구 경기에 목이 터져라 응원을 했다. 결국 우리가 이겼다. 그 기쁨은 잠시 일뿐 내 일상에는 변화가 없다. 경기 관전 중 피자와 맥주를 즐기느라 체중이 일 킬로그램 이상 더 늘었을 뿐이다. 스포츠는 거대 문화이기도 하지만, 한편으로 미시적으로 삶이라는 실상(實像) 속에 아로 새겨진 허상에 불과하다. 이 허상은 현실을 권태롭지 않게 하는 환상이기도 하다.

스포츠는 현실의 허상이기도 하다. 인간의 현실 속에는 진상(眞像)과 허상(虛像)이 동시에 존재한다. 진상의 세계는 내가 살아가는데에 필요한 규칙과 방식으로 이루어진다. 이 세계는 내가 지금 다니는 회사에서 해야 할 일, 상사를 모시는 법, 손님 응대하는 법, 사람 사이의 관계, 하루하루 해야 될 일 그리고 마무리 지어야 할 일들로 구성된다. 나한테 주어진 살아가는 규칙과 방식을 잘 수행 하지 못한다면 나는 그 조직과 사회에서 도태될 수밖에 없다. 그렇기에 진상을 구성하는 사회의 구성원으로서 나는 항시 긴장하고 스트레스를 받는다. 이에 반해 허상의 세계는 규칙과 방식에서부터 비교적 자유롭다. 사회인야구 팀의 투수인 나는 시합에서 패배 한다고 해도 그렇게 절망감을 느끼지 않는다. 다음 시합에 이기면 된다. 이 경기 결과가 내 생계를 좌우할 만큼의 비참함을 주지도 않는다. 스포츠는 진상의 세계를 살아야만 하는 현대인들이 그 속에서 힘을 얻고, 꿋꿋하게 살아갈 수 있는 힐링 세계로 갈 수 있는 창구이다.

허상의 세계라는 전제하에서는 스포츠와 책은 서로 닮았다. 정혜윤은 책은 일상으로 돌아갈 수 있는 힘을 주는 매체라고 하였다. 그녀의 말을 들어보자.

"나와 세상사에 연결 고리는 늘 책이었다. 나는 세상에서 늘 책으로 돌아갔다. 밤과 책의 위안으로 돌아갔다. 응답 없는 세상과 삶에 대한 고통스러운 사랑을 갖가지 아름다움으로 바꿔 놓은 것이 책이 아니라면 무엇이겠는가? 나는 책이 날개를 펄럭일 때 떨어져나오는 황금빛 가루에 의지하면서 혼란스러운 마음을 추스르고, 스스로를 달래고, 은밀히 격려하고, 예상했던 것보다 더 버티고, 집요하게 미래를 위한 소원을 품고, 슬픔을 잠으로 바꾸고, 꿈을 꿨다. 그리고 세상으로 돌아갔다."[2]

세상이 힘들 때에 돌아갈 수 있는 곳이 정혜윤에게 책이라면, 나에게는 잠실 운동장이다. 나는 야구를 통해서 세상으로 돌아갈 힘을 얻는다. 독자는 책을 읽으면서 주인공이 가는 험난한 과정과 결과를 안다. 이 책은 독자로부터 과정과 결과가 열리기를 기다린다. 그러나 스포츠는 다르다. 현장의 결과는 지금 펼쳐진다. 어제의 결과는 이미 과거이다. 놀랍게도 고전은 스포츠와 유사한 '즉시성'의 매력을 담고 있다. 소설가 김영하는 고전을 읽을 때마다 새로운 책을 읽는 듯 한 기분을 주는 마법의 책[3]이라

2 정혜윤(2018). 뜻밖의 좋은 일. 파주: 창비. pp. 13-14.

3 김영하(2015). 읽다. 파주: 문학동네. pp.28-29.

고 말한다. 그는 좋은 책은 인간을 몽매함으로부터 벗어나게 한다고 주장한다. "독서는 우리 내면에서 자라나는 오만(휴브리스)과의 투쟁일 것이다. 나는 호메로스의 〈오디세이아〉와 소포클레스의 〈오디푸스 왕〉을 읽으며 '모르면서도 알고 있다고 믿는 오만'과 '우리가 고대로부터 매우 발전했다고 믿는 자만'을 발견 하게 되었다. 이렇게 독서는 우리가 굳건하게 믿고 있는 것들을 흔들게 된다. 그렇다면 독자라는 존재는 독서라는 위험한 행위를 통해 스스로 제 믿음을 흔들고자 하는 이들이라고 할 수 있을 것이다."[4]

나는 스포츠를 통해서 "오만과 자만"을 발견한다. 많은 사람들이 월드컵에서 우리 대표 팀이 독일 대표 팀을 상대로 크게 패할 것으로 예상했다. 러시아 월드컵에서 독일 팀을 상대로 거둔 예상을 뛰어 넘는 승리는 우리를 스포츠의 매력에 빠지게 한다. 기억에서 잊혀진 골프 황제 타이거 우즈가 거듭된 반전 끝에 거둔 우승은 오만한 내 생각을 되돌아보게 한다. 책과 스포츠는 허상의 세계 속에서 진상 세계의 많은 이야기를 담아내고 있다. 이 이야기들에 탐닉하는 것은 우리의 숙명이 아닐까?

---

4 김영하(2015). 읽다. 파주: 문학동네. pp.28-29.

정준영은 스포츠에는 "강박적인 어떤 것"이 존재한다고 말한다.[5] 아마추어 골프 애호가가 주말 오전에 라운딩을 하기 위해서는 오전 4시경에는 기상해야 한다. 내 경험에 비추어 보면, 라운딩 전 날에는 대부분 잠을 설치게 된다. '내일 드라이버는 힘을 빼고 쳐야하는데', '비가 오면 어쩌나?', '차가 막히지는 않을까?'와 같은 잡념으로 잠이 안 온다. 20여년 골프를 했지만 지금도 라운딩 전날에 예민해서 숙면을 취하기는 불가능하다. 새벽부터 일어나 내비게이션에 의존해서 신경을 곤두세워 운전을 하고 골프장에 가는 일은 즐거우면서 동시에 '그 무엇' 이 개입되지 않으면 설명이 불가능한 일이다. 정준영은 이에 대해 현대 스포츠는 유희이기보다는 '노동'쪽에 가깝다고 한다. 노동처럼 누군가의, 무엇에 의한 강제가 수반이 되지 않으면 새벽에 일어날 동기로 작동하지 못한다. 그렇다면 무엇이 스포츠에 임하도록 강제하는 것일까? 그 해답은 사회 전반에 퍼진 '문화적인 힘'에 있다. 이 문화적인 힘이 운동을 하게 만들고, 스포츠에 대한 감정을 재생산해낸다. 스포츠는 허상이지만 실제 우리 삶에 깊게 개입한다.

---

5 정준영(2003). 열광하는 스포츠 은폐된 이데올로기. 서울: 책세상.

선진국의 스포츠 전체 파이는 후진국보다 훨씬 크다. 스포츠는 선진국의 생산과 소비문화를 인도한다. 하지만 스포츠가 크게 발전했다고 해도 사회 전체의 균형적인 발전에 기여하지는 못한다. 프로 스포츠가 발달한 미국이나 영국과 같은 나라에서의 유명 스타선수의 이적료는 수천억을 호가한다. 이런 사회는 계층 간의 양극화가 심화되어 있다. 스포츠의 발전이 사회 구성원들의 삶의 만족을 담보하지는 못한다. 예를 들어, 미국이나 영국의 정신질환 발생 빈도는 후진국 대비 세배 가량이나 높다. 선진국은 비만율, 10대 임신율, 감옥에 수용된 사람비율도 후진국보다 훨씬 높다. 이에 대하여 지그문트 바우만은 "불평등의 수준"에서 그 원인을 찾는다. 선진국 같이 불평등이 심화된 사회는 언제 사회적 지위를 상실하고, 사회적으로 매장될지 모른다는 "공포감"을 느끼는 사람들도 많다. 이 공포는 잠재적으로 불안을 잉태시키고 심리 장애를 갖게 한다. 선진국의 중산층은 이 부분에 취약해서 정신 장애에 노출되기 쉽다. 스포츠가 사회적인 병리 현상에 대한 근본적 치유책은 되지는 못한다. 스포츠는 인간 삶의 근본적인 문제를 해결할 수는 없다. 사회의 불평등이 해결될 수 있는 체제가 먼저 갖추어지고 그 위에 스포츠 문화가 덧칠해져 좋은 사회가 된다.

현대 사회에서 스포츠의 인기는 말할 필요도 없다. 일 년 내내 지구촌은 프로 스포츠에 몰입되어 지내고 있다. 미국의 야구, 농구, 미식축구, 아이스하키와 유럽의 축구의 열기는 지구촌 사람들의 밤잠을 빼앗아 간지 오래다. 스포츠의 세계화 원인에 대하여 지그문트 바우만은 '근대 세계의 유동성'에서 그 답을 찾는다. 우리가 사는 세계는 액체처럼 마구 움직인다. 우리는 자의건, 타의건 간에 한 곳에 머물러 있지 못한다. 삶을 규정하는 의식, 유행, 태도, 트렌드도 마찬가지이다. 스포츠 또한 이곳에서부터 저곳으로 '유동'하고 있다.

이렇게 유동하는 스포츠에 대해 현대인들은 왜 그토록 탐닉하는 것일까? 영국의 스포츠학자인 엘리스 캐쉬모어(Ellis Cashmore)는 이에 대하여 세 가지로 진단하였다.[6]

첫째, 선진국일수록 일상에 큰 변화가 없기 때문이다. 예측 가능한 사회는 좋은 사회이다. 선진국에서는 대부분의 일들이 예측 및 통제가 가능하다. 간혹 테러와 같은 예측하기 힘든 일이 발생하기도 하지만, 사회 현상에서의 예측 가능성이 아주 높다.

6 재인용. 정준영(2003). 열광하는 스포츠 은폐된 이데올로기. 서울: 책세상.

내년도 경기 성장률, 실업률이나 강수 확률 등의 예측은 크게 빗나가는 법이 없다.

둘째, 현대 사회는 너무 예의 바르기 때문이다. 사회에서 인간이 지닌 잠재적 '폭력성'을 표출하고 살기는 불가능하다. 스트레스가 차고 넘치는 일상에서 탈출구로 스포츠만한 시공간은 없다. 스포츠에는 어느 정도의 폭력이 용인되고, 동물적 본성을 드러낼 수 있는 여건을 제공한다. 나는 북미의 프로아이스하키 시합을 볼 때 마다 선수들의 강렬한 몸싸움에 매료된다.

셋째, 현대 사회가 너무 안전하기 때문이다. 안전한 것이 나쁘다고 말하는 것이 아니다. 지금은 사건, 사고에 대한 사회안전망의 대처가 과거 어느 때 보다 빠르다. 집 주변의 CCTV는 밤 늦게 귀가하는 데에 믿을 만한 버팀목이 되었다. 인간은 역설적이다. 안정적이고 예의바르고 안전한 사회 속에서 항시 일탈을 꿈꾸기 때문이다.

나는 인간의 본성은 쉽게 바뀌지 않는다고 믿는 사람이다. 특히 인간의 폭력적 본능은 내면에 침잠되어 있다. 이는 사회체제의 규율 속에 길들여져서 밖으로 나오지 못할 뿐이다. 사회가 아무리 발전한다고 해도 호모 사피엔스의 유전자를 가진 우리의 폭력성, 도발성, 동물적 기질, 이기심, 경쟁 본능 등은 사라질 수 없다. 이와 같은 변하기 힘든 본성은 스포츠를 통하여 발현될 뿐이다. 나의 엔도르핀은 스포츠에서의 짜릿한 순간을 기다린다.

스포츠는 우리 사회에 반드시 필요한 매체이다. 그러나 만병통치약은 아니다. 실제 삶에는 스포츠로 치유될 수 없는 많은 일들이 놓여 있다. 스포츠는 우리의 정신과 심리 세계를 구성하는 연결체이지만, 현실의 대안이 되지는 못한다. 미화되고 포장되어진 소비체로서 스포츠는 만능으로 보이지만 실제 삶에 큰 변화를 이끌지 못한다.

장자는 "쓸모없는 것들의 커다란 쓸모"(無用之大用)를 이야기했다. 나는 스포츠는 장자 이야기의 반대에 위치한다고 본다. 스포츠는 "쓸모 있는 것들의 작은 쓸모"(有用之小用)에 위치한다. 스포츠의 작은 쓸모를 이해할 때에 이를 만병통치약으로 여기지 않게 된다. 올림픽 유치가 국민소득을 대대적으로 증가시켜주거나, 청년 실업률을 감소시켜주거나, 내가 사는 지역이 관광

특구로 되어 내 생활이 한 순간 바뀐다는 것과 같은 잘못된 믿음으로 부터 벗어나야 한다. 스포츠 안에는 승리, 패배, 땀, 눈물, 격동, 오해, 처절함, 슬픔, 피해, 인간 투쟁, 독립, 인종차별에 대한 항거 등의 희로애락이 포함된다. 이 스포츠의 역동적인 감정이 사회 속의 다른 문제들인, 불평등, 경제문제, 청년 실업, 이념대결, 세금문제, 국제적 갈등상황, 빈부 격차, 노인 소외 등의 사회 구조적인 문제들을 해결할 수 있는 대안인가에 대하여 심사숙고해야 한다. 나는 스포츠가 기여한 현대 정치사의 큼직한 업적들을 폄하하고 싶지는 않다. 다만 스포츠 만능설을 경계하고 싶다.

보들레르는 "우리 영혼은 시를 통해서 비로소 무덤 저편에 있는 찬란한 것을 볼 수 있다"고 하였다[7]. 나에게 스포츠는 시(詩)이다. 이는 진상 세계의 급박한 문제를 해결해 주기 보다는 그냥 삶의 위안을 주거나, 무덤 저편의 형이상학적 가치들을 다시 한 번 되새기게 하기 때문이다.

7 황현산(2018). 사소한 부탁. 파주: 난다. p.32.

"스포츠는 우리 사회에 반드시 필요한 매체이다.
그러나 만병통치약은 아니다.
실제 삶에는 스포츠로 치유될 수 없는 많은 일들이 놓여 있다.
스포츠는 우리의 정신과 심리 세계를 구성하는 연결체이지만,
현실의 대안이 되지는 못한다."

02 스포츠는 왜 정치적 일까?

스포츠는 정치 지향적이다. 아니 정치적 논리에 많이 이용된다. 정치는 사회 구성원들에게 정치적 메시지를 주기 위해 끊임없이 작동한다. 이 메시지를 줄 수 있는 최적의 수단이 스포츠이다. 여기에는 대중들이 원하는 각종 요소들이 다 들어있다. 스포츠 안의 역전, 승리, 패배, 열광, 희망, 극복, 역경, 생존, 인내, 훈련 등과 같은 스토리들은 우리의 심금을 울린다. 이 스토리에 크게 공감하는 대중이 존재하기에 많은 정치인들이 스포츠를 좋아한다. 어떤 정치인들은 스포츠 스타들과 함께 찍은 사진을 SNS에 공개하기를 즐긴다.

스포츠는 국가 성장에 영향을 미친다. 정치가들은 국민들을 단결시키기 위한 수단으로 스포츠를 사용한다. 영화를 보거나 음악회에 가서도 대중들은 유사한 감정을 느낄 수 있지만, 이는 한일전 축구 경기의 열기에 비할 바가 아니다. 2002년 한일 월드컵에서 우리가 4강 신화를 성취했을 때에 국민들은 가슴에서 솟구치는 그 뜨거움을 느꼈다. 국가적 단계에서 스포츠는 국민을 통합하는 중요 수단이 된다. 통합과 단결은 민족주의와 자연스럽게 연결이 된다. 이는 우리 구성원들이 타구성원들과의 차이점을 드러내 '우리'라는 의식을 강화한다. 스포츠는 민족주의를 고취시키는 중요 수단이다. 올림픽에서 자국 팀이 메달을 하나, 두 개씩 추가함에 따라 민족 우월감은 높아진다.

스포츠는 국제 정치에서도 뛰어난 효과를 발휘하였다. 잘 알려졌다시피 1971년 미국과 중국의 핑퐁 외교는 이들 국가의 외교 물꼬를 트는 중요 수단이었다. 국제적 단계에서 국제 시합의 참가 거부(보이코트)는 스포츠의 국제 정치성을 드러내는 상징이다. 1980년 모스크바 올림픽의 서방 세계의 참가 거부와 1984년 로스앤젤레스 올림픽의 동구권의 참가 거부는 스포츠가 얼마나 국제정치의 수단이 될 수 있는지를 보여준 사례였다.

스포츠를 정치 세력 강화에 이용했던 사례들은 상당히 많다. 1980년대 초반 한국의 3S 정책도 대표적인 스포츠의 정치화의 한 단면이었다. 1996년 애틀랜타 올림픽 때에 나이지리아 축구팀은 올림픽에서 우승을 한 후에 대대적인 국민적인 환호를 받았다. 당시에 쿠데타 정권을 잡은 세력은 자국 축구팀의 인기를 등에 업고 정치적 반전 기회를 얻기도 했다. 조금 더 시간을 거슬러 올라가 보자. 1932년 베를린 올림픽은 히틀러가 아리안 민족의 우수성을 과시하기 위한 장이었다. 우리나라의 손기정 선수가 마라톤에서 우승하여 우리 민족에게 희망과 기쁨을 선사했던 그 대회는 안으로 파고 들어가 보면 특정 민족의 자랑을 위한 대회였다. 1972년 뮌헨 올림픽에서는 이스라엘 선수단에 난입한 검은 9월단이라는 테러리스트 집단이 이스라엘 선수 11명을 살해했다. 이 극악무도한 사건은 올림픽을 피로 물들이게 했다.

스포츠가 정치적인 이유는 세 가지 측면에서 해석이 가능하다. 첫째, 인간의 속성상 '편 가르기'를 좋아하는 성향 때문이다. 인간 삶에서 나와 타자와의 구별 시도는 필연적이다. 우리는 가만히 있어서 구별을 짓기 위해 노력한다. 피에르 부르디외는 스포츠야말로 계층별 '구별 짓기'의 중요한 수단이라고 하였다. 스포츠는 선천적으로 구별 짓기를 좋아하는 인간 차이를 드러낼 수 있는 중요 체제이라는 말이다. 전쟁이나 정치적인 대립은 반드시 상대가 존재해야 한다. 스포츠도 마찬가지이다. 혼자서 운동을 할 수는 있지만 스포츠는 불가능하다. 정치는 스포츠를 통해 나와 우리를 강화시켜준다.

둘째, 국제 스포츠 경기에서 '국가'를 드러내기에 스포츠의 정치적인 색은 퇴색되지 않는다. 올림픽은 가장 정치적 색채를 드러낸다. 올림픽을 대표하는 것은 국가 단위이기 때문이다. 또한 라이벌 국가 간 경기 결과는 국민감정에 영향을 미친다. 이에 정치권력은 국민의 감정에 많은 영향을 미치는 스포츠에 개입하기를 즐긴다.

셋째, 스포츠의 '주의 환기'(注意喚起) 역할 때문이다. 사회적으로 우울하거나, 집단 트라우마 현상이 발현되었을 때에 일시적인 주의 환기를 위해 스포츠만한 매체는 없다.

2001년 9월 18일 양키스는 9.11 사건 이후 첫 경기를 치렀다. 양키스는 뉴욕에서 멀리 떨어진 시카고에서 원정 시합을 했다. 양키스 선수들은 일주일 전의 사건으로 인하여 허망함을 느끼고 있었음에도 이 시합이 뉴요커들에게 어떠한 영향을 미치는지 알았다. 그들은 자신이 하는 야구는 단순한 스포츠가 아니라는 것을 깨달았다. 이 경기에서 뉴욕에서 온 소방관과 경찰관들이 야구 경기 전에 인사를 하였으며 관중들은 모두 '미국'을 외쳤다. 당시 조 토레 감독은 "우린 사람들에게 그 기억을 잊으라고 요구 하지 않았습니다. 그저 경기 동안 그들을 즐겁게 해주려고 했을 뿐 입니다"라고 했다. 조토레 감독의 말대로 스포츠는 임시적으로 참담한 고통을 잊게 해주는 것만이 아니라, 우리에게 영혼의 휴식을 주는 것이었다. 며칠 후, 뉴욕을 연고지로 하는 다른 팀인 뉴욕 메츠는 홈경기에서 경찰, 소방관과 '뉴욕, 뉴욕'을 부른 가수인 라이자 미넬리를 초대하여 시민들한테 위로를 전했다. 이 경기에서 메츠의 포수인 마이크 피아자가 8회 투런 홈런을 치고 승리를 확정 지었다. 이때 모든 관중은 일어나 박수를 치며 환호성을 쳤다. 당시 스포츠 기자인 존 앤더슨은 이런 기사를 썼다. "방망이 한방의 치유력을 어떻게 측정할 수 있겠는가"[8]

8 론 마라스코, 브라이언 셔프(2012). 슬픔의 위안. 서울: 현암사. p.176.

스포츠와 정치의 만남이 모두 부정적인 것은 아니다. 다만 불순한 의도를 가지고 스포츠에 접근할 때에 문제가 되는 것이다. 스포츠를 수단화 하거나, 왜곡하여 보지 않고 스포츠가 인간 삶에 기여하는 바를 순수하게 드러내야 한다. 나에게 스포츠는 항상 '기다림'이다. 잠실에서 야구를 보건, 좋아하는 골프 라운딩을 하러 가건 거기에는 항시 기다림이 잉태되어 있다. 승리, 짜릿함, 환희, 복수혈전, 식사 내기 등 많은 이야깃거리들이 기다린다.

기다리는 시간은 스스로가 안에 집중하는 시간이다. 이 시간은 머리로 인식되는 것이 아니라, 몸과 마음으로 느껴진다. 호메로스의 서사시 《오디세이아》에는 오디세우스를 기다리는 페넬로페의 배를 짜는 모습이 반복적으로 나온다. 전쟁터에 나가서 소식이 없는 남편 때문에 절세미인인 오디세우스의 부인 페넬로페에게 많은 구혼자들이 결혼을 요구했다. 오디세우스는 죽었는지, 살았는지 알 수 없다. 많은 이들은 심증적으로 그가 죽었다고 말한다. 페넬로페는 시아버지의 수의를 다 짜고 나서야 결혼하겠다고 구혼자들에게 말하고 배틀 앞에 앉았다. 그 후 그녀는 낮에는 배를 짜고, 밤에는 이를 풀어낸다. 그녀의 기다림이 반복을 만들었다. 스포츠에서의 승리도 기다림의 대상이다. 이번에 승리했지만 다음에는 패배한다. 패배 후에 다음 승리를 기다린다. 나는 그 기다림이 좋다. 모리스 블랑쇼는 "기다림의 대상이 아무리 중요하다고 해도, 기다림의 운동은 항상 그 대상을 무한히 넘어선다"고 하였다.[9] 기다림은 그 대상을 넘어서 다음 기다림을 향해 달려간다. 스포츠에서 승리를 갈구하는 사람의 승리에 대한 기다림도 끝이 없이 진행된다. 마치 집으로 귀향한 오디세우스가 휴식도 취하지 못하고 다시 전장터로 나서야 하는 것처럼 말이다.

장자는 낙출허(樂出虛)를 중시했다. 아름다운 음악은 빈 곳에서부터 울려 퍼진다. 꽉 채우면 음악이 이루어질 공간이 없다. 스포츠에 너무 많은 것을 기대해서는 안 된다. 아니 스포츠를 이용해서는 안 된다. 스포츠가 어느 정도 비워서 존재할 때에 사회 속에서 아름다운 하모니를 낼 수 있다.

---

9 헤럴드 슈와이저(2018). 기다리는 사람은 누구나 시인이 된다. 파주: 돌베개. p.43.

거시적이건, 혹은 미시적이건 스포츠를 정치적으로 이용하고자 하는 사람들이 많다. 중요한 것은 스포츠 문화 안에 있는 우리들의 마음이다. 스포츠가 진상 세계의 모든 것이 아니라는 인식을 갖아야 한다. "스포츠는 기다림"이라고 여기는 사람에게 스포츠는 삶의 윤활유이지, 전부는 아니다. 기다리는 반복을 통하여 나는 오늘도 스스로를 성찰할 수 있다.

03 리좀적 스포츠 민족주의

민족은 상상 혹은 관념의 공동체이다. 특정 대상을 대항할 때에 상상의 공동체는 엄청난 힘을 발휘하여 응집한다. 민족은 비교될 수 있는 타민족을 통하여 자기 민족만의 특성을 발전시킨다.

스포츠와 민주주의는 서로 엉켜있다. 스포츠를 통한 민족주의나 민족주의를 통한 스포츠와 같은 개념들은 혼재하며 발전되어왔다. 평화 시대에도 민족의 우월성을 발휘하는 데에 스포츠만큼 탁월한 수단도 없다.

군사독재 시절부터 우리의 스포츠는 민족을 세계에 드러낼 수 있는 홍보 효과로 사용되었다. 새 밀레니엄 이전에 스포츠 민족주의는 정권이 강하게 개입된 반면, 2000년 이후에는 '자발적' 민족주의 성향이 스포츠 현장에서 나타나기 시작하였다. 한일 월드컵 이후 등장한 붉은 악마는 자발적 민족주의의 대표적인 예이다. 그들은 태극기와 애국가를 강조하는 형태의 응원문화를 구축하였다.

1990년대에는 우리의 스포츠 영웅은 박찬호와 박세리 선수였다. 1998년의 박세리 선수의 LPGA 우승은 당시 IMF 구제 금융으로 인하여 침체된 대한민국 국민들한테 이를 극복할 수 있는 힘과 용기를 주었다. 박세리 선수가 연못에 들어가서 양말을 벗고 공을 쳐내는 그 장면은 우리한테 많은 힘을 주었다. 박찬호 선수의 LA 다저스에서의 선발 투수로서의 선전도 우리의 어깨를 들썩이게 했다. 골프와 야구라는 백인이 지배하는 스포츠 장에서 이들은 반란을 일으켰다. 당시 나는 두 영웅의 활약을 보면서 자주 가슴 속에서 민족주의적 감정이 회오리치는 것을 느꼈다.

스포츠의 경쟁 지향성은 민족주의를 활성화한다. 민족주의

(nationalism)가 배타적 성향을 갖고 있는데 반해, 스포츠 민족주의(sport nationalism)는 유동성이 존재한다. 지그문트 바우만은 권력은 이미 전지구화적 성향을 지니고 있는데 반해, 정치는 지협적 성향을 벗어나지 못해 사회구성원들의 불안을 가중시킨다고 하였다. 나이키, 맥도널드, 코카콜라는 이미 세계 권력의 핵심 축으로 작용하고 있다. 지구촌 어디를 가든지 우리는 이 글로벌 권력과 만나게 된다. 그러나 국가의 정치는 각종 규제로 지구화 시대에 역행하도록 우리를 옭아 매고 있다. 스포츠 민족주의는 바우만의 주장대로 '유동성'을 지니고 있다.[10] 새 밀레니엄 전에는 스포츠 민족주의 또한 '국민국가'의 통제 안에 있었지만 지금은 그 통제를 벗어났다. 스포츠 민족주의는 '탈영토화'되고 있는 것이다. 들뢰즈와 가타리는 탈영토화를 통해 영토의 지평이 넓어진다고 했다. 국민 국가의 위계적 질서에 강제와 통제되어서는 개인-주체의 길은 요원하다. 탈영토를 방해하는 국가권력은 그 국가의 '입국 심사대'를 보면 알 수 있다. 그 국가의 기준치에 벗어난 자는 입국을 거부당한다. 개인이 탈영토를 시도하고자 해도 국가 권력의 통제에 의해 거부당한다.

10 지그문트 바우만(2010). 모두스 비벤디(한상석 역). 서울: 후마니타스.

이에 반해 스포츠 스타는 스스로가 탈영토를 하고, 특정 국가의 권력을 느슨하게 만든다.

이제 스포츠 민족주의는 국가가 아닌, 스포츠 팀을 통해 '분열'하고 있는 중이다. 민족주의는 민족이라는 토대를 고집하지만, 스포츠 민족주의는 '재미'라는 감성적 요소를 통해 재편된다. 얼마 전 지인들과의 저녁 식사 자리에서 친구가 이런 말을 했다. "'우리' 맨체스터 유나이티드는 감독을 바꾸어야 돼!" 와인을 곁들인 자리여서 그가 약간 취했다고 해도 '우리'라는 말을 서슴지 않고 쓰는 것을 보고 놀랐다. 지구화된 세계에서 이제 영국의 축구팀, 스페인의 축구팀, 류현진의 엘에이 다저스가 다 우리 팀이 되고 있다. 세계적인 프로팀들을 좋아하는 성향에 따라 국가의 의미는 퇴색해지고 있다. 아니, 편파적인 민족의 개념이 무너지고 있다. 오히려 국제주의(internationalism)의 확장 현상이 스포츠에서 일어나고 있다.

민족이 아닌 심정적인 같은 편의 확장은 스포츠 민족주의를 재편하고 있다. 이와 같은 개념의 변화는 들뢰즈와 가타리가 이야기한 '리좀'과 유사하다. 리좀은 고정적이 아닌 변화를 기본으로 한다. 스포츠 민족주의가 리좀이 되는 이유는 두 가지로 해석이 가능하다.

첫째, 스포츠 민족주의는 '다양체'의 원리를 따르고 있다. 들뢰즈와 가타리 철학에서 리좀은 중심이 없다. 리좀은 n-1로 표시된다. 중심이 없다는 것은 언제든지 변화가 가능하다. 나는 오늘은 맨체스터 유나이티드의 열광적인 팬이지만, 언제든지 레알 마드리드의 광적인 팬이 될 수 있다.

둘째, 스포츠 민족주의는 '다질체'의 원리를 따른다. 맨체스터 유나이티드의 팬은 영국인만이 아니다. 맨유만 해도 그렇다. 감독에서 부터 선수까지 영국인이 오히려 소수다. 다질체들이 모여서 하나를 구성한다. 리좀은 나무 수목체계와는 반대되는 땅속 뿌리줄기와 같다. 어디로 나아갈지 아무도 모른다. 나는 현대 스포츠는 어디로 튈지 모르는 고무공과 같다고 생각한다.

아직까지 '국민국가주도' 스포츠 민족주의는 우리 삶에 영향을 미친다. 올림픽에서의 순위 경쟁, 한일전 등은 언제나 '우리' 의식을 고취시킨다. 그 위에다 우리의 글로벌 스포츠 팀에 대한 선호는 변형된 스포츠 민족주의를 양산한다. 개인의 스포츠에 대한 열정은 마치 리좀처럼 뻗어나간다.

'우리'라고 서슴없이 말하는 엘에이 다저스나 맨유를 좋아하는 성향을 스포츠 민족주의 범주 안에 넣는 것은 억지일 수도 있다. 민족주의라는 말은 태동했을 때보다 그 성향이 지금 더 유연해지고 있다. 특히 스포츠를 매체로 한 전 세계적 연대는 민족주의보다는 국제주의로 나아가게 한다.

"리좀은 나무 수목체계와는 반대되는 땅 속 뿌리줄기와 같다.
어디로 나아갈지 아무도 모른다.
나는 현대 스포츠는 어디로 튈지 모르는
고무공과 같다고 생각한다."

04 어떻게 승리지상주의를 무시할 수 있나?

《도덕경》제 17장에는 정치의 지향성을 다룬다. "최상의 정치는 정치가 없는 듯 하다. 좋은 정치는 겨우 시민을 칭찬하는 정치이다. 최악의 정치는 공포를 조성하는 정치, 조롱을 당하는 정치이다."[11] 노자가 말하는 정치의 이상향은 인간을 통제하는 것이 아니라 존재 자체를 못 느낄 정도의 영향을 행사하는 데에 있다. 정치가 사람과 삶에 규율을 가하기 시작하면 자유가 사라진다. 정치가 통제를 위하여 사회적 기구를 이용한다면 실체의 순

11 신철하(2016). 노자와 에로스. 서울: 삶창. p.72.

수성은 결여된다. 스포츠에서도 마찬가지이다. 정치를 통해 스포츠가 통제되는 경우는 승리의 짜릿한 쾌감에서 비롯된다. 승리의 가치가 별로라고 한다면 정치의 간섭에서 벗어날 수 있다. 그러나 승리의 기쁨은 인간이 추구하는 탐욕의 세계와 맞닿아 있다. 이 탐욕 세계에 한계는 없다. 정치가 우리의 의식 세계를 통제하려고 해도 승리에 대하여 객관적 관점을 견지할 수 있다면 그 통제에서 벗어날 수 있다.

인간은 세계를 잘 살아내기 위해서는 매 순간 자신의 '세계 내 존재'를 인지해야 한다. 이런 자신의 존재를 인지 하고자 하는 양식이 '기투'이다. 스포츠는 인간이 세계를 향하여 능동적으로 나가는 양식으로의 기투이다. 〈피뤼스와 시네아스〉(1944)는 시몬 드 보부아르의 대표적인 에세이이다. 이 책에서 보부아르는 희랍의 피뤼스왕과 시네아스라는 신하의 대화를 다룬다. 시네아스는 왕에게 끊임없이 "정복 전쟁 후에는 무엇을 하겠습니까?"라고 질문을 한다. 그는 왕에게 원정의 허망함을 가르쳐주고 싶었던 것이다. 전쟁을 일으키고 정복을 한 후 결국에는 휴식할 텐데, 왜 정복을 해야 하는지에 대해 묻는다. 제 자리로 돌아올 수밖에 없는 인간의 숙명에 대하여 그는 말하고 싶었다. 시네아스는 우리에게도 질문을 한다. "왜 스포츠 경기에 탐닉하는 지?" 결국은 제 자리에 돌아올 수밖에 없는 그 승리에 왜 그토록 집착하는 지를 묻는다.

실존주의자의 관점에서 본다면, 스포츠를 통한 쾌락은 내 앞에 이미 '기투' 되어 있다. 어떤 스포츠 팀의 과거는 미래를 유추할 수 있는 내용이 포함되어있다. 앙드레 지드는 계피가 들어간 따뜻한 초콜릿 차를 마시는 것은 '스페인을 마시는 것'이라고 하였다. 특정 팀의 현재를 즐기는 것은 과거의 그들이 해왔던 모든 훈련, 성적, 노력과 땀을 이해하는 길이다. 스포츠를 즐기는 것은 향락으로 나아가는 일이다. 보부아르는 "내가 나 자신에서 빠져 나갈 때, 그리하여 향락의 대상을 통해 내 존재를 세계에 참여시킬 때 비로소 거기에 향락이 존재한다"[12]고 말한다. 스포츠를 즐긴다는 것은 향락의 대상으로 나 자신을 투영시키는 행위이다. 이를 통하여 나는 그 팀과 내가 동일하게 되고 향락을 누리게 된다.

12 시몬 드 보부아르(2016). 모든 사람은 혼자다.(박정자 역). 서울: 꾸리에. p.34.

문제는 승리에 대한 과도한 열망이다. 역사적으로 스포츠에는 승리지상주의 문화가 깊게 숨어있다. 남성중심의 문화가 스포츠를 발전시켜왔으며 승리-덕목의 논리가 세계를 지배해왔다. “참여가 더 중요하다”라는 말이 스포츠 현장에서는 공염불임을 누구나 안다. 그렇다면 인간은 왜 그토록 승리를 열망할까? 여기서 다시 보부아르의 이야기를 경청해보고자 한다.

보부아르는 인간은 자체만으로는 하찮은 존재라고 하였다. 인간이 가치 있는 존재가 되기 위해서는 항상 지금 보다 높은 이상을 추구해야 한다. 예를 들어, 사람이 누군가를 사랑한다는 것은 사랑 자체보다 결혼 후의 화목한 가족과 좋은 가정을 추구해야 한다. 누군가를 사랑하고 결혼하고자 하면서 화목한 가정을 꿈꾸지 않는다면, 그것은 낮은 정신의 단계에 머무르게 되는 것이다. 경기 승리도 마찬가지이다. 승리보다 중요한 것은 감동적인 경기를 했는지의 여부이다. 스포츠 승리의 끝은 어디인가? 승리의 끝은 없다. 그냥 욕망의 반복만이 있을 뿐이다. 보부아르는 파스칼의 말을 빌려, 목적에 도달하는 순간 출발점은 다시 시작된다고 이야기한다.

“행운을 잡은 사람은 곧 다른 행운을 잡으려고 한다. 파스칼이 정확하게 말했듯이, 사냥꾼이 흥미를 가진 것은 토끼가 아니라 사냥 그 자체이다. 자기가 그 안에서 살 생각도 없이 낙원에 들어가기 위해 투자하는 사람이 있다고 한다면, 그 사람의 행위를 비난 할 수 없다. 목적지는 길 저쪽 깊숙한 곳에 있을 경우에만 목적지 일 수 있다. 목적지에 이르는 그곳은 곧 새로운 출발점이 된다.”[13]

그토록 바라는 승리의 순간은 또 다른 출발점이 된다. 우리가 승리지상주의에서 벗어날 때에 스포츠의 순기능을 이해하게 된다. 나는 가을이면 잠실야구장에서 야구에 빠진다. 내가 좋아하는 팀은 포스트시즌 진출이 참 힘들다. 포스트시즌 동안 잠실에 앉아있는 순간 나는 승리를 잊은 채 스포츠에 ‘기투’된 나를 만난다.

패배의 슬픔은 사실 얼마 가지 않는다. 금세 잊어진다. 하버드대의 다니엘 길버트 교수와 버지니아대의 팀 윌슨 교수는 정서

---

13 시몬 드 보부아르(2016). 모든 사람은 혼자다.(박정자 역). 서울: 꾸리에. p.39.

예측(affective forecasting) 연구를 통하여 이를 밝혀냈다. 이들은 실험 참여자들에게 현재 사귀고 있는 연인과 만약 헤어졌을 때에 자신이 얼마나 상심할 것인지를 표기하라고 했다. 동시에 실제 실연을 경험한 사람들은 실연 후에 얼마나 힘들어하고, 그들의 행복감은 어느 정도인지도 측정했다. 연인과 헤어지는 일을 상상했던 실험자들은 헤어지는 것이 엄청난 불행을 야기할 것으로 예측했다. 그런데 실제 이별을 경험한 이들은 상상과는 다르게 심리적으로 빨리 회복했다. 왜 이런 결과가 나왔을까? 우리의 심리 체제는 묘하다. 만약 실연하게 되면 나의 면역체제는 명민하게 움직인다. 떠난 사람이 자기 스타일이 아니었다는 위안, 내가 오히려 아까웠다는 생각, 더 좋은 사람을 만나리라는 기대 등이 어우러져 불행의 늪에서 금세 빠져나오게 된다.[14] 내가 좋아하는 그 팀이 한국 시리즈에서 처절하게 졌다고 슬퍼할 필요가 없다. 정서 예측 연구를 차용하면 우리는 빨리 극복이 된다. 거꾸로 승리도 그리 오래 우리 안에 머물지 않는다. 스포츠에서의 승리와 패배를 있는 그대로 바라보자. 그것이 행복하게 사는 길이다.

14 최인철(2007). 프레임: 나를 바꾸는 심리학의 지혜. 파주: 21세기북스.

관중으로의 나는 생물학적 신체와 더불어 심리적인 상태가 어우러진 '현상학적인 존재'가 된다. 잠실야구장에 앉아 있는 나는 몇 시간 전과는 다른 몹시 들뜬 나로 탈바꿈한다. 야구 경기를 관전하면서 수시로 긴장하고, 몸이 굳어지고, 스트레스 이완 경험을 맛본다. 경기의 승리보다 더 좋은 것은 야구가 나 자신을 수시로 바꾸어 놓는 마법에 있다.

승리지상주의를 탈피하는 법이 있다. 우리 모두가 그냥 승리에 무덤덤해지는 것이다. 삶이 힘들수록 허상의 세계에서의 승리를 갈구하게 된다. 친구와의 내기에 집착하거나, 자신이 응원하는 야구팀에 과도한 애정을 보인다. 통제가 되지 않는 세상에 통제 가능해서 얻는 만족을 극대화하기 위하여 승리지상주의에 빠진다. 자신의 삶을 통제 불가능하다는 것은 자연 속에 들어가 보면 알 수 있다. 강준만은 이렇게 말한다.

"우리 인간은 자신이 삶을 통제할 수 있다는 통제력 착각으로 세상을 살아가는데, 실제로 통제할 수 없다는 게 너무 많다는 걸 깨닫게 되면 스트레스를 받고, 심지어 절망까지 하게 된다. 자연에서 멀리 떨어져 사는 우리는 현실 감각을 잃기 쉬운데, 바로 대자연이 우리에게 이 현실 감각을 돌려준다. 자신의 이해관계에서 자유로운 상황에서 우리는 자신이 얼마나 왜소하고 무기력한 존재인지 확실하게 확인 받으면서 오히려 평온을 누리게 된다는 이야기다."[15]

승리에 무덤덤해지기 위해서는 시네아스가 던진 그 질문, "승리한 후에는 무엇을 하면 좋을까요?"를 우리 일상에서 자주 던져야 한다. 한 사람의 질문이 아닌, 사회 전체의 질문이 필요하다. 스포츠를 있는 그대로 볼 수 있을 때에 이 질문이 우리 삶 속에서 그리고 사회 속에서 우러러 나온다. 스포츠의 부가적 요인들, 입신양명, 국위선양, 민족주의, 지역주의, 군대 면제 등이 우리 사회에서 횡행(橫行)할 때에 승리라는 신(神)은 우리 의식을 점령할 것이다.

---

15 강준만(2018). 평온의 기술. 서울: 인물과 사상사. p.64.

05 누가 멋진 스포츠 문화를 만드는가?

누군가 연극이 끝난 후 썰물의 빠져나갈 때와 유사한 공허함을 느낀다고 했다. 나는 좋아하는 팀의 경기 후에 관중과 선수가 빠져나간 그 경기장 공간에서 그런 감정을 느낀다. 승리를 했건, 패배를 했건 경기 후 공간은 시간이 뚫고 지나간 과거 환영을 품은 건물에 불과했다. 몇 분전 까지 관중 소리, 선수 기합소리, 코칭 스태프의 지시 등이 어울려진 공간이 다시 빈 곳으로 돌아왔다. 이러한 공간으로부터의 쓸쓸함을 나는 미야모토 테루의 《환상의 빛》을 읽다가 발견했다.

"소소기는 일 년 내내 해명이 울어대는 가난한 마을입니다. 겨울에는 일본해로부터 불어오는 바람이 강해서, 세차게 흩날리는 눈조차 멀리 날려버립니다. 바닷물이 눈이나 공기보다 더 따뜻해서이기도 하지만, 역시 그 대부분은 쌓일 새도 없이 바람에 날아가 버리는 탓이라고 합니다. 그래서 아무리 눈이 많이 내리는 해에도 해안가에는 군데군데 쌓이는 눈이 고작입니다. 얼어붙은 바람과 함께 사나워진 파도소리와 물보라만이, 눅눅하고 시꺼먼 먼지처럼 피어오릅니다."[16]

주인공 유미코는 남편이 세상을 떠나고 재혼하여 온 소소기 마을에 대하여 위에서처럼 표현했다. 그 곳은 바람이 너무 불어 눈이 쌓이지 않고 파도소리와 물보라만이 이는 적막한 공간이다. 파도와 물보라도 "눅눅하게 시커멓게" 피어오른다. 청각적으로도 바다에서 울어대는 해명소리가 귀를 때린다. 이 소소기 마을의 정경은 나에게는 한국 시리즈가 끝난 후 잠실 경기장의 모습이다.

---

16 미야모토 테루(2014). 환상의 빛. 서울: 바다출판사. pp.10-11.

소소기와 같은 경기장에서 생각해보는 것은 승리보다는 최선을 다한 선수나 코칭스태프의 모습이다. 그들은 오늘을 위해 많은 땀을 흘렸다. 자신의 자리에서 최선을 다한 선수들은 박수를 받아 마땅하다. 하지만 패배한 선수들에게 우리는 인색하다. 승리만이 인정을 받는 문화에서 스포츠의 가치는 왜곡될 수밖에 없다. 참여보다는 승리만이 의미 있는 것으로 인정받는 문화 속에서는 온갖 음모술수가 난무한다. 속임수, 폭력, 도핑, 심판 매수, 짜고 치는 도박 등의 병폐와 승리지상 주의는 언제든지 만날 수 있다.

우리 팀이 패배하는 것 보다는 승리하는 것이 좋다. 그러나 떳떳한 승리가 아닌, 조금이라도 순수성이 결여된 승리에는 박수를 칠 수 없다. 나는 대학의 라이벌전이나 축구 한일전과 같은 초박빙 이벤트에서 어떤 때는 정정당당하게 지는 것 보다 눈에 보이지 않는 반칙으로 이기는 것을 바라기도 한다. 팽팽한 긴장이 감도는 경기에서 우리 축구팀이 할리우드 액션으로 페널티 킥을 성공시켜 이겼을 때에 순간적으로는 쾌재를 부르지만, 그 정정당당하지 못한 플레이는 오랫동안 찜찜한 상태로 내 의식 안에 가라앉아 있다. 이는 결단코 내 의식 안에서 용해되지 못한다.

이제는 스포츠에서의 승리에 대한 가치를 재고해야 할 때이다. 이를 위하여 세 가지 방향의 변화가 필요하다고 본다.

첫째, 스포츠 상황에서의 승리에 대한 미디어의 과도한 관심이 바뀌어야 한다. 현대 사회에서 미디어의 힘은 엄청나다. 최선을 다한 선수들에게도 박수를 치는 문화를 미디어가 선도하고 만들어야 한다. 미디어가 스포츠에 대한 관심을 높이는 일은 좋다. 그러나 특정 스포츠 이벤트에 대한 과도한 승리를 주문하는 경우에는 선수나 코칭스태프의 심적 부담이나 스트레스를 가중시켜 좋은 경기를 할 수 없게 만든다.

둘째, 사회적으로 승리에 대한 개념을 재설정할 필요가 있다. 경기에 이기는 것만이 승리가 아니다. 진정한 승리는 그 경기에 대하여 '후회'없이 임했는지에 있다. 혹자는 스포츠에서는 무조건 이겨야 한다고 강조한다. 수단과 방법을 가리지 않고 이기는 승리는 운동선수들에게 자존감을 높여 주지 못한다. 이번에 요행으로 이겼지만 다음번에도 그러한 요행을 기대해야 하는가에 대한 고민에 빠질 수 있다.

셋째, 스포츠의 진정한 재미를 논할 수 있는 사회 분위기 조성이 필요하다. 일반인들이 체육을 자주 접하는 창구는 학교 체육이다. 학교 체육 자체가 재미 위주로 가르치기 보다는 기능 향상과 평가에 집중되는 현실에서 학생들은 체육에 대하여 관심을 갖기 힘들다. 학교체육에서부터 스포츠의 진정한 재미란 무엇인지를 몸으로 인지하게 하는 교육이 필요하다. 그러한 체육 수업을 경험한 사람들은 대학에 와서나, 혹은 사회에 나가서 생활체육의 현장에서 즐겁게 운동하게 된다. 체육은 즐거운 것이며 일상 속의 즐거운 신체 활동이 체육이라는 깨달음이 있는 사람들이 올바른 스포츠 문화를 만든다. 여기서 말하는 올바른 스포츠 문화란, 승리보다는 최선을 다한 우리 선수들의 땀, 열정, 노고, 체험, 만족, 노력, 정신, 희생, 나눔, 배려, 공정성, 수용, 이타심 등에 박수를 보내는 문화이다.

올바른 스포츠 문화를 만들기 위해서는 많은 시간이 축적되어야 한다. 공정함에 대한 미덕이 뿌리 내리기 위해서 스포츠를 종교처럼 접근해야 할지도 모른다. 휴버트 드레이퍼스와 숀 켈리는 스포츠와 종교의 유사성에 이런 말을 한다.

"오늘날 미국사회에서 스포츠가 일종의 국민 종교 역할을 하고 있다는 것은 잘 알려진 얘기다. 전통적인 종교의례와 신앙을 스포츠가 대신하고 있다는 것이다. 스포츠가 역사적이고 사회학적인 측면에서도 실제로 이런 종교의 역할을 맡고 있는지는 잘 모르지만, 현상만 놓고 보면 반박할 수 없는 얘기다. 사람들의 신을 찬미하는 즐거움 속에서 하나가 되는 것이나, 환상적인 미식축구 장면에 환호를 보내며 하나가 되는 것이나, 느낌에는 본질적인 차이가 없을 것이다."[17]

오늘도 배구 경기가 끝난 실내 운동장에 서서 물끄러미 코트를 바라본다. 선수들의 함성과 관중들의 환호성이 아직도 나의 귀 속에서 머물고 있다. 오늘 최선을 다한 팀 모두에게 박수를 치고 있다. 이 소소기 마을 같은 적박감이 감싼 이곳에서 나는 "눅눅하고 씨꺼먼 먼지"가 아닌 한 줄기 빛을 보고 웃는다. 승리보다는 과정과 경험이 중시되는 우리의 스포츠 문화가 지금 체육관을 비추는 빛처럼 환할 것을 기대하며.

17 휴버트 드레이퍼스, 숀 켈리(2013). 모든 것은 빛난다. 고양: 사월의 책. p.333.

"올바른 스포츠 문화를 만들기 위해서는 많은 시간이 축적되어야 한다."

06 불안과 쾌락

스포츠 욕망을 구성하는 중요 요인 중 하나는 '불안'이다. 키에르 케고르는 사람들의 불안 이유를 '불확정성' 때문으로 간주했다. 미래를 알 수 없으니 불안한 것이다. 확실한 것은 없고 전복이 가능하기에 불안하다. 스포츠에서는 항시 불안이 내재되어 있다. 이번 경기는 이겨야 하는데 질 가능성 또한 존재한다. 지난 가을 경쟁교와의 빙구 시합을 볼 때 4피리어드 1분 남기고 역전을 당할 때에 시합 내내 불안감이 지배했다. 불안이 현실로 나타났을 때에 잠시 절망을 맛보았다. 불안은 자유 안에 숨어있는 "가능성의 가능성"에서 야기 된다.[18] 키에르 케고르는 불안을 자기 앞에 항시 존재하는 것으로 여겼다. 9회 말에 뒤집힐 수 있는 가능성이 존재한다. 만약 우리가 절대적 무언가를 갖고 있다면, 불안함은 일어나지 않을 것이다.

라캉은 불안의 원인을 "대타자의 욕망"때문이라고 하였다. 그는 불안은 사랑의 상실성에서 오는 것이 아니라, 주체를 알 수 없는 욕망으로 생성된다고 하였다. 경기에 임하는 선수는 이 경기의 승리가 자신의 욕망이기도 하지만, 어찌 보면 부모와 감독의 욕망일 수도 있다. 내가 원하는 것이 진짜 내 욕망인지 라캉은 우리에게 묻는다. 인간은 타자의 욕망을 욕망하고, 자신이 타자가 어떤 대상인지를 계속적으로 물어보지만, 그에 대한 대답을 얻을 수 없기 때문에 불안해진다. 나의 욕망보다 대타자의 욕망이 중요하다면 나는 그것을 묻고 알아야 한다. 그런데 문제는 그것을 알 수 없기에 불안이 증폭되는 것이다. 라캉 식으로 말하자면, 스포츠 현장에 앉아 있는 선수나 관중은 승리를 염원하지만 이것이 과연 나의 진짜 욕망일까? 와 같은 물음을 던지는 순간에 불안이 생긴다.

---

18 레나타 살레츨(2015). 불안들(박광호 역). 서울: 후마니타스. p.276.

과학 기술이 아무리 발전해도 스포츠는 없어지지 않는다. 스포츠는 사회의 만능 기계는 아니지만 사회의 여백으로의 역할을 충분히 수행하기 때문이다. 인간이 불안한 것은 숙명이다. 지금 보다 행복해지기 위해서는 욕망, 불안, 상처, 콤플렉스와 같은 정신적인 요인들이 '정제'되는 장을 자주 접해야 한다. 이를 위해 스포츠 이외에도 VR, AR을 통한 다양한 허상들이 개발되고 있다. 유발 하라리는 전례 없는 과학 성공 시대에 인간은 신의 단계를 흠모한다며 이렇게 말한다.

"성공은 야망을 낳는다. 인류는 지금까지 이룩한 성취를 딛고 더 과감한 목표를 향해 나갈 것이다. 전례 없는 수준의 번영, 건강, 평화를 얻은 인류의 다음 목표는, 과거의 기록과 현재의 가치들을 고려할 때, 불멸 행복 신성이 될 것이다. 굶주림, 질병, 폭력으로 인한 사망률을 줄인 다음에 할 일은 노화와 죽음 그 자체를 극복하는 것이다. 사람들을 극도의 비참함에서 구한 다음에 할 일은 사람들을 더 행복하게 만드는 것이다. 짐승 수준의 생존투쟁에서 인류를 건져 올린 다음 할 일은 인류를 신으로 업그레이드하고, '호모 사피엔스'를 '호모 데우스'로 바꾸는 것이다."[19]

---

19 유발 하라리(2017). 호모데우스(김명주 역). 파주: 김영사. p.39.

우리가 호모 데우스의 길로 나간다고 해도 불안은 없어지지 않을 것이다. 나는 스포츠에서 불안은 쾌락으로 봉쇄된다고 생각한다. 환호, 열광, 역전, 집중, 반격, 진격, 수호 등의 경기 중에 나타나는 감정들은 쾌락으로 이어지고 불안을 일시적으로 잠재운다. 쾌락은 무엇인가? 쾌락은 내 앞에 현전하는 대상이다. 시몬 드 보부아르는 쾌락은 세계와 단절된 것이 아닌 '연결'이라고 했다. 쾌락을 통해서 나는 내 존재를 인식할 수 있다. "쾌락은 세계 안에 있는 나의 존재를 상정한다. 그리고 우선 세계의 과거와 나의 과거를 상정한다. 쾌락은 그것이 새로우면 새로울수록 귀중하고, 시간의 단조로운 배경 앞에서 힘차게 비상 하면 할수록 귀중한 것이다."[20] 쾌락은 나의 존재가 세계 내에서 존재함을 입증하는 것이다. 스포츠 장면에서의 쾌락은 나 자신을 인지하게 해준다. 그리고 불안으로부터 멀리 비상하게 만든다.

불안과 쾌락은 스포츠의 중요 요소이다. 스포츠 내에서 이들은 일시적으로 존재하였다가 경기 후에 소멸한다. 그러다가 다시 나의 세계에 침투한다. 이 작용은 나만의 작용이 아니다. 사회 전체에 영향을 미친다. 무라카미 하루키는 어느 사회나 "집합

20 시몬 드 보부아르(2016). 모든 사람은 혼자다.(박정자 역). 서울: 꾸리에. p.33.

적 무의식"이 존재한다고 하였다.[21] 어느 사회 구성원이나 집합적인 무의식의 존재하고, 이는 시대나 공간을 초월해서 이어진다. 하루키 소설이 인기가 있는 것은 바로 사회 구성원들의 의식 밑 부분으로 들어가 공통의 소재를 자주 건드리기 때문이다. 스포츠 내의 불안과 쾌락도 집합적 무의식의 소산이다.

스포츠 장면에서의 불안과 쾌락은 우리의 이야기를 만들어준다. 시간이 지난 후 경기를 회고할 때에 이야기의 폭을 넓히는데 불안과 쾌락은 일조한다. 론 마라스코와 브라이언 셔프는 인간은 자신이 만든 이야기를 믿고 싶어 하는 존재라고 말한다.

"사람은 누구나 자기 이야기가 있다. 스스로에게 자신이 누구인지, 스스로를 누구라고 생각하는지 말해 주는 이야기 말이다. 때로는 이야기는 도전을 받기도 한다. 그럴 때면 우리는 인간 정신이 지닌 가장 훌륭한 수단인 합리화를 이용해 자신을 변호한다. 자신이 만든 이야기를 너무나 믿고 싶기 때문이다."[22]

---

21 무라카미 하루키, 가와카미 미에코(2018). 수리부엉이는 황혼에 날아오른다.(홍은주 역). 파주: 문학동네.p.114.

22 론 마라스코, 브라이언 셔프(2012). 슬픔의 위안. 서울: 현암사. p.241.

우리에게 이야기를 전해주는 장으로 스포츠만한 매체가 있을까? 불안과 쾌락이 교차하는 스포츠 현장은 이야기 거리를 잉태한다. 망각되지 않은 기억으로 떠올라서 우리가 힘들 때 마다 마주치게 한다.

다시 키에르 케고르의 말로 넘어가 보자. 케에르 케고르는 불안은 자유에 대한 가능성 때문에 형성된다고 보았다. 내가 자유를 얻을 수 있기에 지금 불안해도 해보는 것이다. 지금 조마조마하게 승리를 염원하는 상태는 쾌락의 가능성이 있기에 불안함을 참고 있는 것이다. 승리를 통한 쾌락의 맛을 모르는 사람은 불안을 견딜 수 없다. 이렇듯 스포츠는 불안과 쾌락의 변주곡이다.

07 남북 단일팀의 성공을 꿈꾼다

2018년 평창 올림픽에서 국민의 주요 관심사는 남북 여자아이스하키 단일팀이었다. 2018년 1월 초순 남북 당국은 봅슬레이와 피겨에서의 단일팀 구축은 불가능하다고 했으며, 여자 아이스하키를 단일팀으로 출전하는 것을 확정지었다. 갑작스러운 결정으로 기존 선수들의 반발은 심했다. 1월 20일 IOC는 스위스 로잔에서 한국의 여자 아이스하키 팀의 엔트리 증원을 허락하여 12명의 북한 여자 선수들이 추가로 단일팀에 합류하였다. 엔트리는 총 35명이었으나, 경기에는 국제 규칙에 따라 22명만이 참여할 수 있다. 갑작스러운 결정으로 인하여 혼란이 야기되었으나 총론적으로는 성공적 시도였다.

학창 시절 엄격한 반공 교육을 받고 살아온 나와 같은 사람에게 남과 북의 단일팀은 인식의 경계를 허무는 일이다. 나의 할아버지는 육이오때 북한군에 의해 납북 당하셨다. 초등학교 4학년 때에 가장을 잃은 내 아버지는 청소년기의 온갖 시련을 경험하셨다. 그와 같은 시련을 제공한 대상은 증오를 넘어 한 집안의 트라우마로 자리 잡는다. 트라우마는 "뚫다"는 뜻의 그리스어다. 트라우마에 의해 인간은 꿰뚫린다. "정신분석 사전은 그 꿰뚫림의 순간을 구성하는 요소들로 충격의 강렬함, 주체의 무능력, 효과의 지속성 등을 들고 있다."[23] 남북 단일팀을 계기로 형성된 한반도의 화해 무드는 가족의 아픔이 희석되는 단초가 되었다.

평창 올림픽에서 촉발된 남북 단일팀의 열기는 자카르타-팔렘방 아시안 게임으로 이어졌다. 여자 농구, 조정과 카누 3종목에서 남북 단일팀은 만들어졌다. 짧은 시간 호흡을 맞추었지만 카누 500미터에서 금메달과 여자 농구 단일팀의 동메달은 값진

---

23 신형철(2018). 슬픔을 공부하는 슬픔. 서울: 한겨레출판. p.42.

성과였다. 2018년은 스포츠를 통하여 남과 북이 하나가 될 수 있었던 중요한 시기였다.

남북 단일팀이 계속 성과를 내기 위해서는 세 가지 과제를 해결해야 한다. 첫째, 남북 단일팀 결성을 위한 충분한 숙고(熟考)의 시간이 필요하다. 여자아이스하키 단일팀에서 촉발된 '공정성' 논란의 시작은 갑작스러운 결정 때문이었다. 수년 동안 함께 연습하고 하나의 목표를 위해 달려온 국가대표 선수들에 대해, 단일팀이라는 국가적 과제는 이로 인해서 누군가의 삶이 무시될 수 있었기에 많은 사람들이 반대했다. 최소한 1년 이상의 시간을 갖고 남과 북의 팀이 서로 훈련하며 공정한 경쟁을 통하여 선수 선발이 이루어졌다면 사정은 달랐을 것이다. 여자 아이스하키 단일팀에 대한 반대는 아이러니컬하게 대통령의 지지도가 높은 젊은 층에서부터 시작되었다. 젊은 세대는 "남북 관계 개선은 찬성하지만, 국가를 위해서 개인이 혹시나 희생당하는" 개연성을 반대하였다.[24] 어느 정도 선수 선발과 훈련에 대한 충분한 시간이 주어졌다면 공정한 경쟁에 대하여 사회구성원들 모두가

24 태원준(2018.1.18.) 국가 vs 개인… 남북단일팀 논란에 담긴 '가치의 충돌'. 국민일보.

납득하였을 것이다. 차후에는 단일팀이 되었건, 교류가 되었건 간에 충분한 시간을 통하여 국민들의 의견을 물어보는 공론의 장이 필요하다.

둘째, 스포츠 교류를 지금 보다 훨씬 활성화해야 한다. 특정 대회를 위하여 급조하여 일회용 단일팀을 만드는 것이 아니라, 지속적인 엘리트 스포츠 교류 속에서 다양한 종목에서의 단일팀을 만들어야 한다. 1990년 10월 남북고위급회담이 진행된 이후에 남북통일축구대회는 남북한의 공식적인 스포츠 교류의 시작이었다. 이후 잘 알려진 1991년 3월의 세계 탁구선수권 대회의 현정화와 리분희 선수의 선전은 우리에게 많은 감동을 선사했다. 스포츠 교류를 활성화하기 위해서는 물론 정치적인 평화 무드 조성이 먼저 이루어져야 한다. 스포츠는 정치를 넘을 수 없다. 정치적 변화에 또한 민감하다.

셋째, 이제는 생활 체육 교류도 신경을 써야 한다. 지금껏 엘리트 스포츠 중심으로 단일팀을 육성했다면 이제는 생활 체육의 교류 가능성을 신경을 써야 한다. 생활 체육의 주체는 지역 사회 구성원들이다. 지역 사회 구성원들이 만나서 함께 체육을 한다는 것은 그 어떤 행사보다도 남과 북의 이질감 극복에 도움을 준다. 지역사회 구성원들이 함께 운동을 하며 땀을 흘린다는 사실 만으로도 가슴이 벅차다. 생활체육의 지속적인 교류는 엘리트 스포츠 단일팀의 지평을 넓힐 수 있다. 생활 체육의 교류를 통하여 남과 북의 생활체육인 중에서 뛰어난 선수가 배출될 수도 있으며, 지역 사회 체육 간의 교류는 단일팀에 대한 사회적 요구를 형성할 수도 있다.

남북 스포츠 교류에서의 장애물은 내 스스로의 우월감에 있다. 상대편보다 더 우월하다고 쓸데없는 연민을 느끼는 자체가 걸림돌이다. 남과 북이 동등하다는 전제하에서 단일 팀 교류가 지속 가능하다. 새무얼 배런디스는 연민에 대하여 이렇게 규정한다.

“연민은 어려움에 처한 사람들을 듣고자 하는 경향성이다. 우리는 타인에게 주어야하는 도움과 그들로부터 나중에 받을 수 있는 도움을 이성적으로 계산함으로써 사회 질서를 유지하려고 하지는 않는다. 우리는 그들의 고통에 공감하고 그 고통을 완화해 주는 것이 도덕적으로 선한 것이라는 것을 가슴속 깊이 느끼는 것이다. 단지 누군가가 대단한 친절과 연민을 베풀었다는 것을 보거나 들을 때에도 우리는 마음이 따뜻해지는 기분을 느낄 수 있는데, 이처럼 지극히 이타적인 감정 즉 '숭고함' 이라는 감정도 우리는 가지고 있다."[25]

쓸모없는 연민이 아니라 타자의 현재 상황에 대하여 공감할 때에 좋은 만남이 이루어진다. 이타적인 감정이 동정심을 근거로 할 때에는 의미가 없다. 이타심이 서로간의 이해를 담보로 할 때에 빛을 발하게 된다. 과거 남북 관계를 비추어 볼 때에 통 큰 합의를 해야 단일팀 구성 및 스포츠 교류가 오래 갈 수 있다고 생각한다.

《장자》의 '소요유'편에 보면 북쪽 바다의 큰 물고기인 '곤'이 나온다. 곤은 크기를 헤아릴 수 없이 크다. 이 곤이 어느 날 갑자기 변해서 '붕'이라는 큰 새가 되었다. 붕이 한번 날으면 그 날개가 마치 하늘을 다 덮을 만큼 크다. 붕은 남쪽 바다로 날아갈 때에 삼천리의 물이 요동을 치고 구만리 높이 까지 솟아오른다. 한

---

25 새무얼 배런디스(2018). 모두와 같으면서 누구와도 같지 않은.(정태연, 오용택 역). 서울: 에코리브르. pp.144-145.

번 날면 여섯 달이나 날고 이후에나 휴식을 취하는 신비의 새이다. 장자가 하고 싶은 이야기는 자질구레한 것에 얽매이지 말라는 것이다. 사람만 그런 게 아니라 남북관계도 사소한 것에 연연해서는 안 된다. 대의를 위해서 스포츠 교류를 활성화하여 함께 어우러지는 관계를 만들어야 한다.

08 박세리 선수의 영향

나의 1997년 연말은 우울했다. 난생 처음 들어보는 '외환위기'라는 단어로 인하여 한국 사회가 어수선했기 때문이다. 그 전에도 민생경제의 어려움을 여러 모로 경험했지만 이때에는 경제적으로 속국(屬國)이 되는 기분이었다. 약소 경제국가의 비애를 가진 국민이 할 일은 그리 많지 않았다. 당시 나는 미국에 유학 중으로 IMF 구제 금융을 받는 국가 국민이 처한 어려움을 몸소 체험했다. 대도시 학회에 갔다 방문한 슈퍼마켓에서 한국 신용카드 사용을 거부당하는 창피한 일을 경험했다. 그 때에 열심히 노력해서 좋은 나라를 만드는 데에 일조해서 후손들은 이런 창피를 당하게 해서는 안 되겠다는 나 나름대로의 다짐을 했다.

1998년 7월 7일에 온 국민은 박세리 선수를 보기 위해서 밤잠을 설쳤다. 국민들의 전폭적인 응원을 받던 박세리 선수는 연장 마지막 홀에서 티샷을 해저드 옆 러프로 보냈다. 나를 포함한 많은 사람들은 "아"하는 탄식 소리를 냈다. 해저드의 러프로 걸어간 박세리 선수의 다음 행동은 예상 밖이었다. 그녀는 신발과 양말을 벗고 연못에 들어가 회심의 세컨드 샷을 날렸다. 거의 묘기에 가까운 그 샷으로 승부를 연장으로 끌고 갔다. 이후 온 국민의 기대를 저버리지 않고 우승컵을 안았다. 그녀의 US여자오픈 우승은 무엇을 의미했나? 그 우승은 외환위기 이후 자존심이 바닥으로 내려앉은 우리의 자존심을 끌어 올린 동아줄과 같았다. 그 줄은 해저드에 들어가 험난한 위기 속에서도 오직 투혼만 있으면 나올 수 있다는 것을 보여주며 우리들에게도 외환위기 극복을 위한 암시를 주었던 희망의 줄이었다.

박세리 선수의 위스콘신주 블랙울프런 골프장에서의 US여자오픈 우승은 이후 한국 사회에 어떠한 영향을 미쳤나? 첫째, 박세리 선수의 우승 이후 한국 사회에는 골프에 대한 이미지 쇄신이 일었다. 그 전에 골프는 사치 또는 금지 스포츠 대접을 받았다. 한국 사회에서 골프처럼 수난을 당한 운동을 찾기는 힘들다. 공직자 골프 접대, 공무원의 휴일 골프 라운딩, 골프 비즈니스 등은 골프의 한국 사회에서의 상징적 의미를 구축했다.

둘째, 박세리 '키즈'가 탄생하고 성장하는 계기가 되었다. US여자오픈 이후에 박세리 선수는 LPGA 대회에서 통산 25승을 거두며 명예의 전당에 이름을 올렸다. 박세리 선수의 선전에 영향을 받고 많은 어린이들이 골프에 입문을 했다. 이후 LPGA에서 한국 여자 선수들의 활약은 실로 엄청났다. US여자오픈만 해도 2005년 김주연, 2008년 박인비, 2009년 지은희, 2011년 유소연 등이 우승컵을 들며 한국 여성의 위대함을 전 세계에 뽐냈다. 1988년 전후로 태어난 박세리 선수를 자신의 모델로 삼고 운동을 시작한 여자 선수들이 2008년 전후로 세계무대에서 활동하며 이들은 LPGA의 지각 변동을 일으켰다.

셋째, 박세리 선수의 우승 이후 일반인들의 골프 참여가 크게 증가했다. 외환위기가 발생한 다음해인 1998년과 세계 경제 위기였던 2009년을 제외하고는 한국의 골프산업은 계속 성장하고 있다. 국내 골프 인구는 2007년의 253만 명에서 2015년 399만 명으로 크게 증가했다.

골프장 이용자 수는 계속 증가하고 있다. 청탁 금지법의 시행으로 주춤할 것으로 예상했지만 실제 입장료 할인 등 골프장의 탄력성 있는 정책에 따라 2017년에는 2016년 보다 2.2.% 증가한 3,542 만 명, 2018년에는 3,615 만 명으로 이용자 수가 늘었다. 2018년에 골프장 수는 공사 중인 골프장 포함 대략 537개가 되었다. 2018년 개장한 19개 골프장 모두가 대중제이다. 2014년 이후 회원제 골프장의 대중제 골프장으로의 전환이 빠르게 일어나고 있다.[26] 이와 같은 한국 골프장 성장의 모멘텀으로 나는 박세리 선수의 영향력을 들고 싶다.

부르디외는 자신이 속한 집단의 생활방식과 타집단과의 차별화에 대한 연구를 하였다. 부르디외의 구별의 원천은 '자본'과 '문화'이다. 경제적으로 여유 있는 집단은 '경제 자본'을 통하여 과시적 소비를 추구하여 타집단과의 차이를 만든다. 부르디외는 제 2차 세계대전 이후 프랑스의 세습 부자와 유럽의 공장

26 김혜경(2018.2.2.). 2018년 골프장 산업 전망. 골프 저널.

운영을 통한 신흥부자의 소비 차이를 분석했다. 예를 들어, 기존 부자는 고상한 예술 작품의 감상에 가치를 두고 신흥 부자와는 다른 여가 활동을 하면서 계층을 구별 지으려는 욕구를 보였다. 한국 사회에서 골프의 경우, 즐기는 집단과 즐길 수 없는 집단 사이의 차이를 양산하는 스포츠 종목이다. 박세리 선수의 골프 대중화의 기여 이후 골프에 대한 집단 간 차이는 많이 희석되었다.

골프 이용자의 증가에 영향을 미친 다른 요인은 스크린 골프라 불리는 시뮬레이션 골프이다. 2010년 이후 폭발적인 성장을 거둔 이 스크린 골프는 라운딩의 제약을 없애주며 일상의 중요한 운동 공간으로 자리 잡았다. 실내에서의 연습이나 스크린 골프 시합은 묘하게도 실제 라운딩의 욕구를 증가시킨다. 지인 중 한명은 테니스 마니아로 골프 자체를 싫어했다. 회사 회식 후에 동료들과 한두 번 스크린 골프를 하던 그는 원래 승부욕이 많은 사람이었다. 스크린 골프에서 이기기 위해 자주 실내 골프장을 찾던 그는 실내가 아닌 실제 야외에서 라운딩을 하고 싶다는 생각이 들었다고 한다. 친구들과 스크린 골프에서의 경험을 기반으로 머리를 올렸던 그는 라운딩과 스크린 골프와의 엄청난 차이를 깨달았다. 이후 그는 스크린 골프보다 실제 라운딩을 사랑하는 골프 애호가가 되었다.

박세리 선수로 촉발된 골프에 대한 인기의 시작이 약 10년 후에는 스크린 골프를 통해 폭발적으로 커졌다. 앞으로 회원제 골프장의 대중제 골프장으로 전환은 더욱 확산될 것이다. 아울러 모바일을 통한 예약제가 대중들에게 보편화되면서 부킹에 대한 제약도 사라지고 있다. 골프는 확실히 재미있는 운동이다. 스크린 골프, 모바일 예약, 가격 경쟁력 등의 변화 등으로 한국의 골프 문화는 바뀌고 있는 중이다.

09 영원 회귀와 스포츠 박물관

‘영원 회귀’는 니체를 대표하는 사상이다. 이는 우리 생은 계속 반복적이라고 주장한다. 지금 특정 학교에 다니고 있다면 다음 생, 다다음 생에도 그 시간 동안 같은 학교에 다니며, 같은 동료 집단과 같은 일을 경험하게 된다는 것이다. 그러나 밀란 쿤데라는 《참을 수 없는 존재의 가벼움》에서 사람의 인생 속성에 대하여 이렇게 말한다.

“인생이란 한번 사라지면 두 번 다시 돌아오지 않기 때문에 한낱 그림자 같은 것이고, 그래서 산다는 것에는 아무런 무게도 없고 우리는 처음부터 죽은 것과 다름없어서, 삶이 아무리 잔혹하고 아름답고 혹은 찬란하다 할지라도 그 잔혹함과 아름다움과 찬란함조차도 무의미하다는 것이다."[27]

현생을 살아가는 사람은 반복생(反復生)의 의미를 경험할 수 없다. 반복은 되나, 나는 내가 과거에 살았던 기억을 가질 수는 없다. 인생은 한번 사라지면 끝나는 것처럼 생각한다. 삶이 아무리 좋거나, 힘들어도 반복되기에 가볍다는 관념을 갖는다면 세상을 관조적으로 본다는 것이 영원회귀에 대한 밀란 쿤데라의 해석이다.

《참을 수 없는 존재의 가벼움》에는 네 명의 무거움과 가벼움을 대변하는 주인공들이 등장한다. 가벼움을 나타내는 토마시와 사비나, 무거움을 상징하는 테레자와 프란츠가 소설을 이끌어 나간다. 이성과의 관계에서 가벼운 만남과 관계를 지향하는 토마시는 잘 나가던 외과의사에서 정치적 논쟁거리의 기사를 투고하고 무거움을 생으로 안고 들어온다. 그는 오디푸스왕의 은유를 통하여 친러 체코 정부에 대한 비방을 하고 의사에서 트

27 밀란 쿤데라(2018). 참을 수 없는 존재의 가벼움(이재룡 역). 서울: 민음사. p.6.

럭 운전수로 직업이 바뀐다. 밀란 쿤데라는 세상에는 완전한 무거움과 가벼움은 존재할 수 없다는 것을 네 명의 주인공을 통해서 제시한다. 스포츠는 우리의 인생에서 어떤 무게가 있는가? 스포츠는 인생이라는 무거움 속에 존재하는 가벼움이다. 우리의 인생은 대부분 무거운 것으로 가득 차있다. 밀란 쿤데라가 경험한 '프라하의 봄'과 같은 대사건이 아니라고 해도 일상은 무거운 일들로 가득하다. 입시, 취업, 고시 생활, 면접, 승진, 업무 처리, 회식, 결혼, 육아 등 일상은 개인에게 의미 있고 무거운 일들로 채워져 있다. 스포츠는 그러한 삶 속의 가벼움이다. 밀란 쿤데라의 견해처럼, 세상에 완전한 무거움과 가벼움은 없다. 스포츠는 우리를 무거움에서 벗어나 가벼움의 세계를 맛보게 한다. 영원 회귀 사상에 의하면, 지금 이 라이벌 스포츠 경기에 일희일비할 필요가 없다. 이미 정해진 것이고 끝없이 반복될 테니까. 그러나 윤회적(輪廻的) 삶을 알 수 없는 나 같은 소인배는 그 경기에 목숨을 건다. 다시 밀란 쿤데라의 말을 경청해 보자.

"영원한 회귀라는 사상은, 세상사를 우리가 아는 그대로 보지 않게 해 주는 시점을 일컫는 것이라고 해두자. 다시 말해 세상사는, 세상사가 덧없는 것이라는 정상참작을 배제한 상태에서 우리에게 나타난다. 사실 이 정상참작 때문에 우리는 어떤 심판도 내릴 수 없다. 곧 사라지고 말 덧없는 것을 비난 할 수 있을까? 석양으로 오렌지 빛을 띤 구름은 모든 것을 향수의 매력으로 빛나게 한다. 단두대조차도."[28]

"세상사의 덧없음"을 알지 못하는 나는 스포츠의 매력에 빠질 수밖에 없다. 다시 반복되더라도 이 순간의 스포츠 몰입은 중요하다. 스포츠는 무거운 인생을 가벼움으로 나아가게 하는, 세상사의 허무함에 정면으로 도전하는 신비의 묘약이다.

현생에서 스포츠를 영원의 산물로 만드는 법은 무엇일까? 이 해답으로 나는 '스포츠 레거시'를 만들어야 한다고 생각한다. 과거로부터 지속되어온 스포츠의 유산, 가치와 전통을 그대로 승계하는 작업이 필요하다. 스포츠레거시는 단순히 물질적인 시설을 보존하는 것을 넘어서 비가시적인 가치들을 보존하는 것이다. 보이지 않는 스포츠 정신을 잘 보존하여 후대에 넘겨주어야 한다. 우리는 질곡의 스포츠사를 갖고 있다. 우리나라 현대사

28 밀란 쿤데라(2018). 참을 수 없는 존재의 가벼움(이재룡 역). 서울: 민음사. p.10.

에서 스포츠는 사회 변혁과 그 맥을 같이 했다. 사회 변혁 시기에 스포츠는 국민의 한 줄기 빛이요, 희망이기도 했다. 88 서울 올림픽의 감동, IMF 초기의 박세리 선수와 박찬호 선수의 선전, 2002년 월드컵의 드라마 등 스포츠는 우리 국민에게 많은 추억을 만들어 주었다. 스포츠가 수행한 한국 사회 변화에 대한 비가시적인 가치들을 잘 보존하는 일이 스포츠레거시 구성의 핵심이다.

동대문 운동장은 서울의 상징이었다. 1926년 준공되자 마자 순종의 노제가 이곳에서 있었으며, 1947년 여운형과 1949년 김구의 장례식을 치렀던 역사적 공간이었다. 1984년 잠실운동장이 개장하기 전까지 이곳은 한국 스포츠의 메카였다. 1960년와 1970년대의 볼거리가 없던 우리에게 굵직한 야구 시합들이 이곳에서 열렸다. 지금은 이라크 출신 영국 건축가인 고(故) 자하 하디드가 설계한 건축물로 바뀌었다. 마치 우주선을 연상 시키는 환상적 디자인은 과거 운동장 이었다는 사실을 퇴색시킨다. 동대문 운동장에서 있었던 많은 운동 경기들에 대한 보존이 필요하다. 과거 동대문 운동장과 유사한 건물을 지어서 보존하자는 것이 아니라, 그 경기장 안에서 추억을 잉태시키고 감동을 만들었던 경기, 선수, 감독, 관중, 사건 등에 대한 기록들을 보존할 필요가 있다.

뉴욕 양키스 스타디움은 경기만큼 유명한 곳이 스포츠 박물관이다. 양키스 스타디움에는 '모뉴먼트 파크'(monument park)가 있어서 100년의 구단 역사에 길이 남는 30여명의 선수, 감독과 구단 스태프들의 동판과 영구 결번 등번호를 제작해놓았다. 양키스를 대표하는 베이브 루스, 루 게릭, 조 디마지오와 미키 맨틀의 기념비도 볼 수 있다. 또한 양키스의 월드 시리즈 우승 반지도 전시해 놓았다. 양키스를 대표한 선수들의 등번호의 영구 결번을 볼 때 마다 그 번호는 영원히 살아 숨 쉬는 듯하다. 베이브 루스의 기념비와 결번을 보면서 그의 호쾌한 타격을 그려본다. 번호는 상징과 로망이다.

숫자는 상징이다. 한유석은 남자가 술을 마실 때에 로망 숫자 중 하나로 18을 꼽았다. 글렌피딕 18년, 야마자키 18년, 라프로익 18년, 맥켈란 18년 등 화려한 위스키 이름들 뒤에 붙은 번호 18은 수준을 평가하는 기준이다. 한유석은 "18년산이라는 것은 남자들에게 군대를 다녀온 것과 군대를 다녀오지 않은 것, 결혼을 한 것과 결혼을 하지 않은 것처럼 극명하게 12년, 15년과 선을 긋는 세계이다."[29] 축구의 11번도 그렇지 않은가. 11번은 그 팀의 에이스를 상징하는 번호이다.

스포츠 박물관 투어는 이미 유럽 축구에서는 보편화된 관광 상품이다.[30] FC바르셀로나 홈구장인 캄프누의 FC바르셀로나 박물관은 2015년 이후 매년 180만 명의 관광객들이 찾는다. 레알 마드리드 홈구장은 푸라도 미술관, 마드리드 왕궁과 함께 마드리드의 3대 관광 명소로 꼽히고 있다. 1990년대부터 이 두 구단은 구단 박물관의 투어 프로그램을 만들었다. 구단의 유명 선수, 감독과 경기에 대한 팬들의 향수에 응하고 동시에 관광객들에게는 구단을 홍보하고 있다. 이들 박물관에는 구단이 창단될 때부터의 사진, 유명 시합, 선수 유니폼의 변천사 등이 전시되어 있다. 비시즌 때에는 관중이 들어가기 힘든 대기실, 그라운드 입장 통로등이 개방되기도 한다. 이와 같은 박물관은 그 구단의 역사를 만들어 가고 있다.

29 한유석(2015). 술 마시고 우리가 하는 말. 파주: 달출판사. p.311.

30 최형창(2018. 2. 5).[관광 대국 길을 묻다] 메시, 호날두 직접 보자. 세계일보.

스포츠 박물관은 스포츠 가치를 영원의 길로 들어서게 한다. 스포츠 박물관을 만드는데 공간 제약이 있다면 도시 내 여러 자투리 공간을 이용해야 한다. 파리의 오르세 미술관은 우리에게 해답을 주고 있다. 원래 기차역이었던 이 공간은 길어진 객차를 수용하지 못해서 애물단지가 되었다. 여기는 수십 년 동안의 노력으로 미술관으로 재탄생하였다. 소용이 없어진 공간이 새롭게 재탄생하는 것은 공간의 "진화"이다.[31] 물리적 공간을 둘러싼 빈 공간에 무엇을 채워 넣는지에 따라 공간은 다른 색채를 입는다. 지금은 스포츠 박물관을 만들어 스포츠 가치의 영원한 보존이 필요한 때이다.

31 유현준(2018). 어디서 살 것인가. 서울: 을유문화사. p.150.

"스포츠는
무거운 인생을 가벼움으로 나아가게 하는,
세상사의 허무함에 정면으로 도전하는
신비의 묘약이다."

10 헝그리 스포츠

평론가 신형철은 '사고'와 '사건' 사이에는 처리와 해석의 차이가 존재한다고 하였다. 사고는 처리하는 것이고, 사건은 해석 가능한 일이다. 개가 사람을 물었을 때는 사고이지만, 사람이 개를 물었을 때에는 사건이 된다. "그 사람은 왜 지나가는 개를 물었을까?"에 대한 질문과 답을 얻기 위한 유추 및 해석이 필요하다. 사고와 사건의 큰 경계로 사고는 그 이전으로의 '복구'가 가능하다. 하지만 사건은 "진실의 압력" 때문에 이전으로 돌아가기 불가능하다.[32] 사건은 주위 사람들에게 스토리텔링을 준다.

32 신형철(2018). 슬픔을 공부하는 슬픔. 서울: 한겨레출판. p.115.

사건은 그 이후 이야기를 계속 만드는 힘이 있다.

현대 한국 스포츠사는 다양한 이야기들로 넘친다. 감동, 희열, 기쁨, 슬픔, 분노, 통쾌 등의 이야깃거리로 넘친다.

나의 슬프고도 아쉬운 기억은 김득구 선수의 경기 중 사망이다. 그는 1982년 11월 13일 미국 라스베이거스에서 열린 라이트급 챔피언전에서 미국 레이 맨시니 선수와의 경기 중에 사고를 당했다. 14라운드에 턱을 맞은 김득구는 쓰러져 병원에 옮겨졌으나 4일간의 뇌사상태 후에 사망했다. 이 사망 사고 이후 권투 시합은 15라운드에서 12라운드로 바뀌게 되었으며, 라운드 사이 휴식시간이 60초에서 90초로, 그리고 스탠드 다운제가 적용되었다. 김득구 선수의 삶은 2002년에 유오성 주연으로 〈챔피언〉이라는 영화로 만들어졌다. 이 영화를 보면서 나는 다시 김득구 선수의 삶을 생각해 보았다. 한 운동선수의 힘든 삶은 권투에 대하여, 한국 사회에 대하여 여러 가지를 생각했다. 나에게 김득구 선수의 사망은 사고가 아닌, 동시대를 치열하게 사는 한 젊은이의 스포츠를 통해 삶을 사랑하는 방식이자 아쉬운 사건이었다.

권투를 비롯한 몇 몇의 스포츠는 헝그리 스포츠의 영역에 들어간다. 헝그리 스포츠의 특징은 '몸'과 '몸'의 투쟁이다. 몸은 인간 행동의 출발점이자 중요 자원이다. 권투가 헝그리 스포츠의 대명사가 된 것은 "주먹 하나로" 우뚝 설수 있기 때문이었다. 영화에서처럼 시골 출신으로 체육관 청소를 하다가 운동을 시작하고 한국 챔피언, 동양 챔피언을 거쳐 세계 챔피언이 되면 지금과는 다른 삶이 펼쳐진다.

한국 사회에서 출세했다는 말을 듣기 위해서는 두 가지 중 하나를 얻어야 한다. 첫 번째는 돈을 갖는 것이다. 일반인들이 생각하기 힘든 큰돈을 만지게 되면 성공으로 생각한다. 두 번째는 권력을 갖는 것이다. 물론 돈과 권력을 모두 가지면 금상첨화이다. 우리 사회에서 많이 회자되는 이야기중 하나는, "개천에서 용 난다"이다. 개천처럼 밑바닥에서 아무도 관심을 갖지 않는 삶의 터전에서 크게 성공할 때에 우리는 이 말을 쓴다. 일반적으로 개천에서 용이 되기 위해서 우리 사회에서는 '고시'라는 등용문을 이용한다. 어릴 적 시골에 가면 마을 머리에 고시 합격 플랭카드를 자주 봤던 기억이 있다. 돈과 권력은 한국 사회의 출세를 나타내는 상징이다.

헝그리 스포츠의 자원은 몸이지만 이를 받치고 있는 것은 '정신'이다. 헝그리 스포츠에서 대성하기 위해서 정신력 강화는 필수이다. 1977년 11월 27일 홍수환 선수는 '지옥에서 온 악마'라는 별명의 카라스키야와 타이틀전을 치렀다. 홍선수는 무려 4번이나 다운을 당했다. 그러나 그는 쓰러져도 다시 일어나 상대방을 이겼다. 초등학교 때에 이 경기를 봤던 나는 오랫동안 홍수환 선수의 그 빛나던 눈빛을 잊지 못했다. 4번이나 다운 당했지만 포기하지 않은 이유는 무엇이었을까? 아마도 승리에 대한 절박함 때문이었을 것이다.

내 기억 속에 남아있는 또 다른 헝그리 스포츠 선수는 임춘애 선수이다. 그녀는 1986년 아시안 게임에서 800미터, 1500미터와 3000미터에서 우승했다. 장신의 가냘픈 몸매의 이 선수는 국민들의 관심을 한 몸에 받았다. 나중에 과장된 것으로 밝혀졌지만 어느 언론사가 '17년간 라면만 먹고 금메달을 땄다'는 기사를 싣자 그녀는 화제의 중심에 섰다. 이는 그녀가 초등학생 때에 증정 받은 라면을 간식으로 잘 먹었다는 말이 와전되었다. 이후 '라면 소녀'라는 별명을 얻은 그녀는 가난과 시련을 극복한 헝그리 스포츠의 대명사였다.

아메리카대륙으로 시선을 옮겨보면, 이곳에서도 스포츠의 성공 신화가 자주 나타난다. 미국에서 흑인 청소년이 성공할 수 있는 길은 운동선수로 대성하거나, 힙합 뮤지션이 되는 것이다. 미국 스포츠 중에서 흑인이 큰 성공을 거두고 있는 종목은 농구이다. 농구선수와 힙합 뮤지션은 어느 정도 공통점이 있다. 이들 종목은 길거리에서 쉽게 접할 수 있고 천부적 자질만 있다면 출세할 있다는 공통점을 갖고 있다. 음악평론가 김봉현은 힙합과 농구는 미국 흑인의 로망이라고 말한다.

"마치 대한민국 청소년 1순위 꿈이 연예인(혹은 가수)인 것처럼 흑인 청소년은 성공한 NBA 스타 혹은 성공한 힙합 뮤지션을 꿈꾼다. 그들의 무의식 속에 저 두 모델은(조금 원색적으로 말하자면) 곧 지긋지긋한 게토(ghetto) 삶에서 해방됨을 의미한다. 부와 명예를 동시에 얻고 모두의 롤모델로 등극하며 신분 수직 상승을 이룰 수 있는 길. 브라질의 아이들에게 축구공이 있다면 아프로-아메리칸 아이들에게는 마이크와 농구공이 있다."[33]

---

33 김봉현(2010.8.20.). 힙합과 농구, 미국 흑인의 유이한 꿈. [김봉현의 블랙비트]. 프레시안.

헝그리 스포츠가 존재하는 이유는 사회 속 다른 성공의 문으로의 진입 장벽이 너무 높아서이다. 태생적으로 양질의 교육을 받기 힘들고 성공의 기회가 적은 계층에게 스포츠는 기회의 문이다. 이 기회의 문을 열기 위해서는 끊임없이 노력해야 한다. 근래 들어 한국사회에서는 헝그리 스포츠 개념이 축소되거나 없어지고 있다. 복싱처럼 힘든 운동을 하고자 하는 사람들이 별로 없기 때문이다. 또한 주먹하나로 상경하여 자고 먹고 운동 할 수 있는 그러한 공간들도 값비싼 임대료로 때문에 하나 둘 문을 닫고 있다.

11 다윗의 기술이 적용 가능한가?

《다윗과 골리앗》은 말콤 글래드웰이 지은 베스트셀러이다. 이 책은'1만 시간의 법칙', '블링크', '티핑 포인트'등의 신조어를 만들며 현대 사회의 트렌드에 대하여 명명하는데 탁월한 기술을 선보였던 그의 명작 중 하나이다. 글래드웰은 다윗과 골리앗의 수천 년 전 이야기를 현대에 끄집어 낸 이유로, 기존 상식에서 벗어나면 신세계가 존재하기 때문이라고 한다. 기존 "일방적인 우위"라고 알려진 것들의 허점은 반드시 존재한다. 일방적 우위에 대하여 지레 겁을 먹으면 절대 다윗이 될 수 없다. 골리앗은 힘을 상징하기도 하지만, 그 거대한 힘은 오히려 약점의 근거가 된다. 글래드웰은 "자신이 약자라는 사실은 때때로 우리가 인식하지 못하는 방식으로 사람들을 바꾸어 놓을 수도 있다. 약자로 존재한다는 것은 문을 열어 기회를 만들어내고, 자신을 가르치고 일깨우며, 그런 처지가 아니었다면 생각할 수 없었던 것을 가능하게 만들 수 있다."[34]고 주장한다. 그렇다면 이제는 약자라고 좌절할 필요가 없다.

다시 다윗과 골리앗으로 옮겨가 보자. 고대 시대의 일반적인 결투 방식은 일대일 결투였다. 골리앗은 정교한 갑옷을 입고 창과 방패를 쓰는 그런 결투를 신청했던 것이다. 골리앗은 대략 45킬로그램이 넘는 갑옷을 입었고, 무릎에는 청동으로 보호대를 착용하고, 두발은 청동 판금을 둘렀고, 머리에는 무거운 금속 투구를 썼다. 근접 전투에서는 최적화된 갑옷이나 장신구는 적의 원거리 공격에는 제약이 많았다. 다윗은 사울이 주는 칼과 갑옷을 거절했다. 돌 다섯 개를 줍고 가방에 넣은 다음 양치기 지팡이를 들고 결투 장소로 나갔다. 다윗을 보고 골리앗은 어떤 생각을 했을까? '어라, 웬 어린이가 지팡이 들고 와서 나와 싸우겠다고'라는 생각을 하고 허탈하게 다윗을 쳐다보았을 것이다. 골

34 말콤 글래드웰(2014). 다윗과 골리앗(선대인 역). 파주: 21세기북스. p.20.

리앗이 싸움이 전혀 되지 않는다고 생각하는 그 순간에 다윗은 돌을 가죽투석 주머니에 넣고 골리앗의 얼굴로 향해 던졌다. 그 돌 주머니에 골리앗은 기절해 쓰러졌고 다윗은 전광석화처럼 달려가 골리앗의 칼을 빼앗아 그의 목을 베었다. 다윗의 승리는 최소한 두 가지를 말하고 있다. 첫째는 '보이는 것이 다'가 아니라는 점이다. 체구, 힘, 체중, 경력 등은 실전에는 아무것도 아니다. 그 보이는 것에 안주하는 사람은 승리할 수 없다. 두 번째는 모두가 골리앗을 무섭게 생각했지만 실제 정확한 정보가 부재했다. 글래드웰은 골리앗이 다윗과 싸움을 시작하며 "내게로 오라"는 말을 한 이유가 그에게 시력의 문제가 있었기 때문이라고 추측된다. 지금의 의학전문가들은 골리앗이 뇌화수체의 악성종양이 원인인 말단비대증을 앓고 있었으리라 예상한다. 말단비대증의 합병증으로 시력이 문제가 된다. 그는 시력 문제가 있었기에 항시 보조병사와 함께 움직였으며, 성경에 명시되었듯이 느리게 움직였던 것이다. 다윗이 바꾼 싸움 규칙이 골리앗에게는 치명타였던 것이다.[35]

스포츠에서도 다윗이 존재할 수 있을까? 유도나 태권도 종목

35 말콤 글래드웰(2014). 다윗과 골리앗(선대인 역). 파주: 21세기북스. pp.18-30.

에서 절대 강자가 신흥 선수에 의해서 맥없이 지는 경우가 종종 있다. 절대 강자라고 일컫는 선수는 이미 모든 것이 노출이 되어 있다. 그의 전략과 전술 패턴을 알고 있는 사람이 전혀 다른 방식으로 시합을 이끌어 간다면 뜻밖의 경기가 진행될 수도 있다. 2018년 러시아 월드컵 중 독일과 조별 예선전에서 한국 축구팀은 다윗처럼 싸웠다. 당시에 한국은 월드컵 디펜딩 챔피언을 상대로 승리한 최초의 아시아 국가라는 자랑스러운 호칭을 얻었다. 마치 다윗이 거인 골리앗을 이기고 승전했듯이, 우리 축구팀도 16강 진출에는 실패했지만 온 국민의 환호를 받고 귀국했다.

월드컵 4회 우승 전력이 있는 독일은 축구 강호였다. 경기 막바지인 92분에 김영권 선수가 골을 넣었다. 한 골을 허락한 후 독일 팀의 골키퍼 마누엘 노이어는 우리 진영 안쪽까지 왔다가 공을 놓쳤다. 두 번째 골은 손흥민이 넣었다. 결정적인 패인은 독일이 한국 팀을 경계하지 않아서였다. 마치 골리앗이 다윗에 대한 정보가 전혀 없어서 진 것처럼, 그들도 우리에 대하여 관심을 갖지 않았다. 경기 전에 우리 축구팀의 승리를 예상한 이는 많지 않았다. 우리가 승리한 것은 싸움의 규칙을 우리식으로 바꾸었기 때문이다.

그렇다면 앞으로 스포츠 경기에서의 다윗의 반전은 언제 일어날 수 있나? 첫째, 외형적인 실력 차이가 존재할 경우에는 이를 만회할 만한 멘탈 능력을 갖추어야 한다. 독일과의 경기에서 후반전부터 각 팀 선수들의 체력은 급격히 떨어졌다. 이때에 우리 선수들은 정신력으로 뛰었다. FIFA 순위 차이를 극복하는 길은 정신적인 능력에서 나온다. 둘째, 상대팀보다 더 많은 훈련을 해야 한다. 상대 팀을 월등히 앞설 수 있을 정도의 훈련 시간이 필요하다.

2018년 유도 세계선수권 대회 남자 73kg 결승전에서 안창림(세계 랭킹 7위)은 세계 최강인 하시모토 소이치(세계 랭킹 1위)를 발뒤축걸기 한판승으로 이겼다. 남자 73kg은 일본의 텃밭이라고 불리는 체급이다. 하시모토 외에도 안창림에게만 5전 5승을 거둔 오노 쇼헤이 등 탁월한 기량의 선수들이 넘치는 체급이 바로 73kg 이다. 안창림은 하시모토와의 경기에서 체력으로 계속 밀어붙이고 1분 50여초를 남기고 하시모토가 생각하지 못했던 허벅다리 걸기 시도와 이어 발뒤축걸기를 통해 한판승으로 이겼다. 안창림의 경기는 이기고자 하는 정신력과 훈련 시간이 만들어낸 작품이었다.

스포츠에서 다윗이 되기 위해서는 팀이나 선수는 우선적으로 목표를 정확하게 인지해야 한다. 목표를 명확하게 할 때에 방향성이 생긴다. 목표가 명확할 때에 또한 정신력이 생겨난다. 정신력은 스포츠의 다른 이름이다. 우리가 아는 많은 명승부는 정신력을 기반으로 해서 태어난다. 정신력이 부족한 경기는 맥이 빠진다. 정신력하면 이 글을 쓰는 지금 머릿속에 맴도는 이는 요기 베라이다. 뉴욕 양키스 전설의 포수 출신이자, 뉴욕 메츠 감독이었던 그는 엄청난 명언을 남겼다. "끝날 때까지는 끝난 것이 아니다"가 바로 그가 남긴 명언이다. 1973년 여름에 뉴욕 메츠가 최하위였을 때에 기자들이 그에게 "이번 시즌 메츠는 끝난 거죠?"라고 질문을 했다. 그 때 그는 담담히 그 명언을 그들에게 던져주었다. 실제 그 시즌에 메츠는 지구 우승을 하고 월드시리즈에 진출하였다.

나는 요기 베라의 많은 어록을 접하면서 그가 시인(詩人)이라고 생각했다. 야구와 인생에 대한 통찰력 있는 그의 말들은 마치 시구를 접하는 착각을 불러일으킨다. 그의 어록은 파스칼 키냐르가 말하는 시의 세계와 닮았다.

"시란 오르가슴의 향유다. 시는 찾아낸 이름이다. 언어와 한 몸을 이루면 시가 된다. 시에 대해 정확한 정의를 내리자면, 아마도 간단히 이렇게 말하면 될 듯싶다. 시란 혀끝에서 맴도는 이름의 정반대이다."[36]

스포츠의 매력은 반전에 있다. 당연한 것이 당연한 궤적을 벗어날 때에 스포츠의 묘미가 발현된다. 반전이 일어나기 위해서는 다윗처럼 정확하게 목표를 향해 나아가고, 정신력과 투지를 지니고, 실전을 연습처럼 자연스럽게 임해야 한다. 다윗이 양을 늑대로부터 지키면서 훈련한 돌 던지는 실력이 실전에서 자연스럽게 투영되었듯이, 연습처럼 실전에 임할 때에 뜻 밖의 일이 우리 곁으로 찾아온다.

36 파스칼 키냐르(2005). 혀끝에서 맴도는 이름(송의경 역). 서울: 문학과 지성사. p.84.

"스포츠의 매력은 반전에 있다.
당연한 것이 당연한 궤적을 벗어날 때에 스포츠의 묘미가 발현된다."

PART 02

스포츠와 경제

01 메이저리그의 서비스 전략

메이저리그는 1869년에 출범한 세계 최고의 야구 리그이다. 2016년에는 170 여 개국에 시합이 중계되었으며, 매년 약 7,000만 명 이상의 관중이 직접 경기 관람을 한다. 메이저 리그는 그 명성만큼 팬들에 대한 서비스도 남다르다. 메이저리그가 팬서비스에 신경 쓰는 이유는 팬심(fan心)이 매출에 직결되기 때문이다. 2014년의 메이저리그 전체 매출은 약 90억 달러(약 10조원)였는데, 2013년에 비해 13%가 증가한 수치이다. 매출은 매년 10%정도씩 상승하고 있다. 메이저리그 30개 구단의 기업 가치는 360억 달러(약 40조) 정도로 엄청나다. 메이저리그

상위 5개 팀의 기업 가치는 세계 최고 수준을 자랑한다. 뉴욕 양키스(32억 달러), LA 다저스(24억 달러), 보스턴 레드삭스(21억 달러), 샌프란시스코 자이언츠(18억 달러), 세인트루이스 카디널스(14억 달러)로 추산되는데, 이들의 기업 가치는 계속 상승 중이다. 이러한 가치 상승의 이유는 팬들의 관심과 사랑에 기인한다.

2013년 메이저리그에는 총 7,400 만 명의 관중이 그라운드를 찾았다. 미국 야구장은 구장 별로 차등성 있게 가격을 설정할 수 있다. 보스턴 레드삭스(53.38달러)와 뉴욕 양키스(51.55달러)는 입장료 상위군 이고, 애리조나 다이아몬드백스(16.89달러)와 샌디에이고 파드리스(15.99달러)는 입장료 하위군이다. 구단들이 팬들에 대한 서비스를 중요하기 여기는 것은 리그 전체 수입의 상당 부분이 티켓 판매에서 나오기 때문이다. 여기는 현장을 찾는 관중이 리그와 구단 수입의 중심에 있다.

티켓 판매와 더불어 중요한 리그의 수입원은 지상파와 케이블 중계권이다. 지상파의 경우는 메이저리그 사무국이 협상을 맡아 한다. 매년 약 10억 달러 정도가 지상파로부터 메이저리그 사무국으로 중계권료 명목하에 들어온다. 이 중계권료를 30개 구단에 분배한다. 케이블 방송의 경우, 각 구단이 중계권 협상과 계약을 할 수 있다. 예를 들어, LA 다저스는 2013년 1월에 타임워너케이블과 25년간 70억 달러(약 8조원)에 이르는 대형 계약을 체결했다. 구단 수입으로 이 정도를 계약할 수 있다니 부러울 따름이다.

금전적으로 여유가 있는 팬들은 직접 구장을 찾는다. 내가 목격한 바에 따르면, 미국에서의 야구팬들은 시간적 제약, 혹은 비용적 제약으로 홈구장을 잘 찾지 못하고 텔레비전으로 경기를 보는 경우가 많다. 미국에 교환교수로 체류하면서 자주 했던 일 중 하나가 동네 패밀리레스토랑에서 햄버거와 맥주를 곁들여 LA 다저스 경기를 보는 일이었다. 집에서 보는 스포츠 채널의 유료 시청료는 월 8만 원 정도 된다. 집에서 유료 케이블 시청료를 지불하기 보다는 가까운 펍에 가서 식사도 하고 야구를 보면서 미국 친구들과 주말 시간을 보내는 것은 미국 생활의 큰 재미였다. 론 마라스코와 브라이언 셔프는 스포츠를 재미있게 즐기는 방법은 음식과 함께 하는 것이라고 말한다.

“스포츠마다 관람할 때 즐기는 음식이 있다. 스포츠 관람 중에 음식을 먹는 것은 몸에는 확실히 안 좋지만 분위기를 돋우는 데는 최고다. 스포츠바(술을 마시면서 TV로 경기를 시청할 수 있는 술집) 메뉴 보다 더 다채롭고 위안을 주는 것이 있을까? 술집 주인이 버리토와 버펄로윙스를 뒤섞여 버펄리토라는 요리를 만든다고 해서 우리 인생이 나빠지면 얼마나 나빠지겠는가?”[37]

야구경기를 보면서 마시는 맥주 맛은 달콤하다. 특히 응원하는 팀의 4번 선수가 호쾌한 홈런을 치자마자 환호성을 지르고 마시는 그 맥주맛은 어디에도 비교할 수 없는 천상의 맛이다.

메이저리그 사무국은 자국 팬 외에도 외국 팬들을 위해서 중계권을 판매한다. 한국의 경우, MBC가 메이저리그 사무국과의 협상을 통해 독점 중계권을 확보했다. MBC는 2012년에서 2014년까지 3년 동안 중계료로 400만 달러를 지불했다. 일본, 중국, 대만, 네덜란드, 이탈리아 등 야구를 좋아하는 국가들은 메이저리그 경기를 보기 위해서 많은 중계권료를 지불하고 있다. 물론 이 중계권은 메이저리그의 중요 수입원이다.

37 론 마라스코, 브라이언 셔프(2012). 슬픔의 위안. 서울: 현암사. p.172.

구단은 수입 창출에서 팬들이 중요하다는 사실을 안다. 이에 다른 프로 스포츠와는 다른 마케팅 전략을 펼친다. 내가 보는 메이저리그의 대표적인 팬심 마케팅은 '기념일 마케팅'이다. 미국 야구팬들은 5월만 되면 설렌다. 과연 이번 기념일에는 구단이 어떤 깜짝쇼를 들고 나와 나를 즐겁게 할지 궁금해 한다. 5월 둘째 주의 어머니날에는 30개 팀 선수, 코치와 심판은 모두 '분홍색'으로 유니폼과 장비를 바꾼다. '분홍색'은 스포츠 현장에서 의미가 있는 색이다. 1991년 미국에서 열린 유방암 환자 달리기 대회 참가자들은 분홍색 리본을 달고 뛰었다. 이 시합을 계기로 분홍색은 유방 암 예방, 조기발견 및 퇴치를 뜻하는 색으로 상징되고 있다. 매년 어머니날 시합에서는 메이저리그 선수, 스태프와 심판들은 어머니들의 유방암 퇴치에 힘을 보태고자 노력한다. 이런 노력에 팬들은 감동한다.

5월 마지막 주 월요일의 메모리얼데이도 팬들은 많은 기대한다. 모든 구단은 특별히 제작된 유니폼을 입는다. 모자 앞은 얼룩무늬로 덮고, 유니폼에는 선수 번호를 얼룩무늬로 수놓는다. 이 날은 메이저리그가 퇴역 군인들의 노고를 기린다. 이 날 캠페인에서의 수익 금액 전액은 퇴역 군인들을 위해 쓰인다.

실제 경기 현장에서의 선수나 감독의 팬들을 위한 사인행사는 자주 일어난다. 또한 야구팬들은 경기를 감상하기 좋은 설계 덕에 야구 경기 관람이 용이해서 비싼 입장료가 아깝지 않다는 생각을 한다.

정규 시즌 외에 스프링 캠프의 구단 서비스는 메이저리그가 팬을 얼마나 배려하는 지를 잘 나타나는 부분이다. 선수들은 사진 촬영을 즐겨하고, 팬들은 야구공, 카드, 잡지표지, 브로마이드 등을 준비해서 유명 스타들에게 사인을 받는다. 구단은 이러한 스프링 캠프 동안의 구단 훈련장을 방문한 팬들에게 서비스를 게을리 하지 않는다.

이와 같은 메이저리그의 팬심 공략의 성공은 기업의 스폰서 유치로 이어진다. 스폰서들도 대중에게 인기가 있는 팀에 더 많은 지원을 원하기 때문이다. 메이저 리그 스폰서 시장은 2013년 기준으로 약 2,500만 달러 규모이다. 기업들이 선호하는 스폰서 방식은 일정 기간 동안 구장에 자신의 기업 이름을 넣는 '네이밍 라이츠'이다. 시티그룹은 뉴욕 메츠와 20년간 4억 달러에 이름을 빌렸으며, 글로벌 라이프인슈란스는 텍사스 레인저스와 10

년간 5천만 달러에 이름 대여료를 지불할 정도이다.[38]

한국 기업들의 메이저리그 구단에 대한 후원도 증가하고 있다. 대표적인 한국 기업으로는 LG전자를 들 수 있다. LG전자는 2013년부터 LA 다저스를 공식 후원 하고 있다. LG 전자는 다저스 스타디움에서 브랜드 노출을 시도하고 동시에 제품 전시관도 설치했다. 2017년부터 두산도 메이저리그에 스폰서로 역할을 하고 있다. 두산 밥캣, 두산산업차량, 두산퓨얼셀 등의 홍보를 위해 메이저리그 사무국과 계약했다. 두산 브랜드는 메이저리그 30개 구단의 경기장, 케이블 방송, 구단 소셜 미디어를 통해 노출되었다.[39]

메이저리그 서비스 전략의 핵심은 팬심 만족이다. 최고 수준의 경기, 최상의 시설, 팬들의 마음에 드는 마케팅 전략 등이 오늘도 메이저리그 경기에 팬들을 모이게 한다. 이들을 만족시킬 때에 중계권료도 상승하고, 기업들의 후원이 줄을 잇는다는 사실을 메이저리그는 가르쳐주고 있다.

---

38 유정우(2015. 8.25). "경기장 이름 팝니다"… 미국 MLB, 네이밍 라이트만으로도 연 30억 원 이상 번다. 한국경제.

39 염지은(2017.9.28.). 두산, 메이저리그 공식 스폰… 북미지역 마케팅 강화. 위클리 오늘.

02 국내 프로 야구 구단의 성공 전략

국내 프로야구는 관중 900만 명 시대에 돌입하였다. 수치상으로 프로 야구는 국민이 가장 좋아하는 관람스포츠로 자리 잡았다. 관중 수와 외형적 규모는 커졌지만 내적으로 보면, 아직도 미국이나 일본 리그와 비교하기에는 한참 부족하다. 국내 프로야구가 선진국 형으로 진입하기 위해서는 다양한 성공 전략을 적용해야 한다.

1982년 출범한 프로야구는 국민 스포츠로 자리 잡았지만 실질적으로 수익을 창출하는 구조는 아니다. 구단 전체 매출의

20% 정도에 불과한 입장수입 외에는 수익 창출 모델을 갖고 있지 않다. 프로야구 구단이 성공적 수익 모델을 갖기 위해서는 세 가지를 고려해야 한다. 첫째, 구단 자체 매출을 증가시킬 수 있는 경영 전략을 구축해야 한다. 2016년 8개 구단의 자체매출 비율은 56.1%였다. 삼성과 한화는 30%대로 나타났다. 모기업이 없는 넥센을 빼고 계산하면 이 비율은 48.2%로 낮아진다. 2015년의 44.9%와 비슷한 수치이다. 모 기업에 의존하는 현재 시스템에서 자체 매출은 한계점을 드러내고 있다.[40]

2017년 10개 구단 중에서 흑자를 낸 구단은 넥센과 두산이었다. 두산은 2016년에 6억 원, 그리고 2017년에는 72억 원의 영업 이익을 냈다. 넥센은 2016년에 박병호 선수의 메이저 리그 이적으로 201억 8,698만원의 이익을 냈다. 2008년 창단 이래 처음으로 흑자를 기록하였다. 여세를 몰아 2017년에도 19억 3,909만원의 흑자를 냈다. 모기업이 없이 네이밍 마케팅과 비용 절감 시스템을 구축하여 새로운 구단 운영을 보여주었다. 적자는 롯데 자이언츠가 123억, LG트윈스가 28억, 삼성 라이온스가

40 최민규(2017.5.17.). 프로야구 '산업', 매출은 증가했지만 모기업 의존도는 여전. 중앙일보.

11억, 한화 이글스가 7억을 냈다. 이들 구단의 모 기업 의존도는 엄청나다. 넥센을 제외하고는 다른 구단들의 모기업 지원금이 전체 매출의 반절 정도로 추산된다. 모기업들은 홈구장, 선수 유니폼, 헬멧 등에 기업의 광고를 달고 비용을 지불한다. 이들 모기업이 지불하는 광고비는 시중 광고 가격보다 높게 책정되어 있다. 2017년 삼성 라이온스의 경우, 모기업의 지원금이 포함된 광고비가 370억 원으로 전체 매출의 반을 넘었다.[41] 넥센을 제외한 모든 구단이 모기업에 의존한 매출이 이루어지고 있다고 봐야 한다.

구단이 이익을 내기 위해서는 효과적인 경영 전략을 짜야한다. 첫째, 구장 좌석수 대비 관중 비율을 80% 이상 넘도록 하고, 이들이 좋아하는 제품을 판매해야 한다. 입장 수입이 구단 수입의 원천이기에 홈구장은 항상 만원 관중이 될 수 있는 전략에 신경을 써야 한다. 동시에 구장을 찾아서 관중들이 돈을 쓰도록 유도하는 방법에도 신경을 써야 한다. 미국 유명 구장들은 그 구장과 특정 음식이 바로 연결된다. 예를 들어, 텍사스 레인저스의 구운 양파와 치즈를 곁들인 핫도그, 시카고 컵스의 머스터드소

41 이종현(2018.5.12.). 800만 관중 프로야구, 부족한 건 비즈니스 모델. 조선비즈.

스에 찍어 먹는 대형 프레츨 등은 관중들을 유혹하는 상징으로 자리 잡았다. 입장 수입 외에 관중들이 사고 싶어 하도록 디자인한 야구 용품을 판매해야 한다. 기발한 응원도구, 창의적인 모자 디자인 등은 홈구장 팬들의 지갑을 열게 한다.

둘째, 스폰서를 위한 광고 전략을 새로 짜야 한다. 2016년 10개 구단의 전체 당기순이익은 132억 원이었다. 구단 수입이 증가하기 위해서는 광고 수입과 입장 수입이 증가해야 한다. 2015년 구단 중 116만 5020명으로 최대 관중을 기록한 두산의 입장 수입은 135억 원으로 총 매출의 26%에 머물렀다.[42] 광고 수입을 늘리기 위한 혁신적인 전략이 필요하다. 구장 이름을 빌려주는 네이밍 라이츠, 경기장내 광고, 그라운드 페인팅, 선수 유니폼, 헬멧, 구장의 전광판광고 문구 등 광고를 다양화시키는 전략이 필요하다. 구단 광고 수입이 증가하기 위해서는 외부 광고 회사와 협업을 하는 것도 좋다.

구장 광고에서는 포수 뒤편에 설치된 안전그물망(일명 백스톱)을 잘 활용해야 한다. 3시간이 넘는 경기 시간 동안에 이 백

42 최민규(2017.5.17.). 프로야구 '산업', 매출은 증가했지만 모기업 의존도는 여전. 중앙일보.

스톱은 계속 노출된다. 이 백스톱에 광고 효과를 홍보하고 기업들이 자사 제품이나 브랜드를 노출하도록 유도해야 한다. 또한 스폰서가 원하는 홍보 효과를 내는 전략으로 적용해야한다. 2018년 시즌 동안 삼성 라이온스는 '피죤 스폰서 데이'로 스폰서 브랜드 노출을 시도했다. 이를 통해 관중들은 직접 브랜드를 체험할 수 있는 응원 막대 풍선, 사은품, 전광판의 광고를 관람하였다. 홈구장을 찾은 관중들을 대상으로 구단의 스폰서 기업 제품과 브랜드를 홍보하는 것은 좋은 전략이다. 바닥에 광고를 하는 '그라운드 페인팅'또한 적극적으로 도입할 만하다. 2017년 현대자동차의 '코나' 자동차의 그라운드 페인팅 광고가 잠실 운동장에 등장했는데 그 효과가 좋았다.[43]

스폰서 기업의 광고 노출에서는 창의성이 필요하다. LED 전광판 광고, 구장 주변의 조형물 설치, 기업 제품 홍보관 등을 잘 배치해야 한다.

셋째, KBO와 구단 관계자들은 구단이 수익을 잘 배분받을 수 있는 중계권 수익모델을 만들어야 한다. 한국 프로야구 관중이

---

43 조지원(2018.6.5.). 1억 4000만명이 본다... 프로 야구에 주목하는 광고업계. 조선비즈.

나 규모는 인구 대비로 미국이나 일본에 많이 뒤쳐지지 않았다. 메이저리그와 비즈니스 모델만을 비교해 본다면, 한국 구단의 경우에는 그들과 중계권 수익에서 많은 차이를 보인다. 구단과 선수는 경기라는 콘텐츠를 창출하는 주체이다. 이들이 콘텐츠 주체임에도 불구하고 중계권에서 선진국 리그 같은 수익을 취하지 못하고 있다.

2017년 KBO의 중계권 총수익은 약 540억 원으로 추산된다. 이 중계권 수익을 KBO는 각 구단에 분배했다. 한 구단당 54억씩 가져간 셈이다. 중계권, 지상파 DMB, 유무선 중계권료, IPTV 중계권 등이 포함된 금액이다. 일반적으로 중계권 수익은 지상파와 케이블방송인 기존 미디어 방송과 토털사이트와 IPTV 등의 뉴미디어로 부터 나온다. 2015년 KBO는 지상파 3개사의 대행사인 에어클라 엔터테인먼트와 함께 5년 계약에 합의를 했다. 에어클라 엔터테인먼트는 2011년부터 지상파 컴소시엄의 케이블 방송과 위성 TV 판매 대행사로 일했다. KBO는 에어클라 엔터테인먼트와 2015년 80억 원부터 시작해서 매년 중계권료를 6 ~ 7% 정도 올라가는 것으로 계약을 했다. 2017년 지상파, 케이블방송과 에어클라 엔터테인먼트의 중계권료는 약 360억 원이었다. 뉴미디어의 수익은 약 180억 원으로 추산된다. 뉴미디어 제외 중계권료가 2014년에 180억이었으니 3년 만에 2배 상승한 셈이다. 2019년의 경우에는 지상파 3개, 스포츠 케이블 3개사, 에어클라 엔터테인먼트 중계료(약 129억 원 지불)의 합이 약 400억 정도로 추산된다. 여기에 2015년부터 계속 증가되는 뉴미디어 영역의 중계권 수익이 합쳐지면 중계권의 파이는 계속 커질 것이다. 이 뉴미디어시장은 2020년에는 약 300억에 육박할 것으로 보인다.[44]

지상파와 케이블 방송으로부터 중계권료를 무작정 올리는 것은 좋은 방법은 아니다. 방송 중계권료의 급격한 인상은 야구팬들의 손해로 이어진다. 프로야구 팬들은 증가하지만 정규 시즌 동안 TV 시청률은 다른 프로그램에 비해 높지 않다는 아이러니도 중계의 문제로 존재한다. 실제 종편이나 예능 채널이 케이블 방송으로 프로 야구 중계권 시장에 뛰어들지 않는 이유도 곰곰이 생각해야 한다. 과거 CJ 계열사인 XTM의 프로야구 중계 포기가 시사 하는 바는 크다. 이는 시청률이 나오지 않는 컨텐츠는 방송사가 우선 중계협상권을 가지고 있어도 포기한다는 것을 제시한 사례였다.

44 JTBS 뉴스(2018.1.15.). KBO 중계권 수익 따져보니.

성공적인 프로 야구 구단 운영을 위해서 각 구단 스스로의 브랜딩이 필요하다. 구단이 독자적인 브랜드로 우뚝 서야 한다. 메이저리그의 LA다저스, 뉴욕 양키스, 보스턴 레드 삭스는 운영이나 수익 면에서 글로벌 기업 수준을 자랑한다. 우리 구단들도 모기업의 그늘에 가려져 있는 것이 아니라, 야구라는 콘텐츠를 잘 이용하는 기업으로 성공 전략을 강구해야 한다.

"성공적인 프로 야구 구단 운영을 위해서
각 구단 스스로의 브랜딩이 필요하다.
구단이 독자적인 브랜드로 우뚝 서야 한다."

03 제리 맥과이어의 영향력

영화 〈제리 맥과이어〉의 주인공 제리 맥과이어는 35세의 성공한 스포츠 에이전트이다. 실력 있고 외모도 훌륭해서 인기가 좋다. 세계적인 스포츠 에이전트 회사인 SMI에서 일하는 그는 72명의 선수를 담당하고 있다. 잘 나가던 제리는 어느 날 자기 인생을 되돌아보았다. 그가 관리하는 운동선수의 성추행 사건이 발생하고, 다른 선수는 어린이의 사인을 거부할 정도로 인성이 부족하고, 부상으로 사경을 헤매다가 깨어난 아이스하키 선수는 제리가 누구인지도 잘 모른다. 이러한 일련의 사건을 경험하면서 그는 돈보다 중요한 것은 진실성과 관심이라는 깨달음을 얻는다. 그 다음 자신의 생각을 글로 적어 회사 직원들에게 보낸다. 당연하게 그는 회사로부터 해고당한다. 이 영화는 돈으로만 움직이는 프로 스포츠와 스포츠 에이전트의 세계에서 돈보다 더 중요한 '인간다움'을 회복해 나가는 제리의 이야기를 다룬다. 이 영화는 1996년에 개봉한 이후로 당시 우리나라에 낯선 스포츠 에이전트 세계를 소개한 수작이었다.

제리 맥과이어같은 스포츠 에이전트는 구체적으로 무엇을 하는 사람인가? 이들은 운동선수나 클럽을 대신해서 연봉을 협상하고, 광고 출연이나 분쟁 등에 대한 각종 계약과 협상을 대리하는 직업, 혹은 사람이다. 스포츠 에이전트로 일하기 위해서는 본인이 일하기 원하는 스포츠 연맹에 등록하고 자격을 인정받아야 한다. 이들의 주된 수입은 선수와 클럽이 원하는 계약을 하도록 하고 받는 수수료이다. 이 수수료는 일반적으로 3%에서 10% 사이에 결정된다. 스포츠 에이전트는 특히 법적 측면을 잘 알아야 하며 스포츠와 스포츠 경영 전반에 대한 혜안을 갖고 있어야 한다.[45]

---

45 위키백과. 스포츠 에이전트.

우리에게 잘 알려진 스포츠 에이전트로는 야구의 스캇 보라스가 있다. 그는 보라스 코퍼레이션의 대표로 박찬호 선수의 에이전트로 유명하다. 그의 협상 능력은 소문이 자자하다. 600억 달러로 추산되는 연봉 시장에서 그는 메이저리그 구단들이 가장 경계해야 할 인물로 뽑힌다. 축구에서는 제스티후테의 창립자인 조르제 멘데스가 유명 에이전트이다. 그가 관리하는 선수 및 감독으로는 크리스티아누 호날두, 라다멜 팔카오, 주제 뮤리뉴, 루이스 펠리페 스콜라리 등이 있다. 그는 2009년 호날두를 맨체스터 유나이티드에서 레알 마드리드로 1644억 원에 이적 시켰다. 당시 수수료로 164억 원을 받았다. 축구의 또 다른 유명 스포츠 에이전트는 미노 라이올라이다. 그는 즐라탄 이브라히모비치, 폴 포그바, 마리오 발로텔리 등을 관리한다.[46]

미국은 프로 스포츠의 왕국답게 스포츠 에이전트 제도가 가장 빨리 자리 잡았다. 미국의 유명 스포츠 에이전트로는 찰스 파일, 밥 울프, 마크 맥코백, 스캇 보라스 등이 있다. 찰스 파일은 미국 최초의 에이전트로 알려진 인물이다. 1920년대 후반부터 그는

46 장영성, 김현우(2017.12.6.). [스포츠 BIG 비즈니스 4] 스포츠 에이전트, 그들은 누구? 이코노믹리뷰. http://www.econovill.com/news.

풋볼스타 헤롤드 그랜지, 윔블던 테니스 챔피언인 수잔 렝글던의 에이전트로 활약했다. 밥 울프는 고등학교 시절 농구선수 출신으로 보스턴 대학에서도 농구를 했으며 법학을 전공했다. 변호사 자격을 딴 뒤에 1960년대 보스턴 레드 삭스의 투수였던 얼 윌슨, NBA의 전설 래리 버드, 올림픽 육상 금메달리스트인 그리피스 조이너 등의 선수를 관리했다. 그는 스포츠 에이전트 회사인 '밥 울프 앤 어소시에이츠'를 설립하여 체계적인 선수 관리를 처음 도입한 인물이다. 마크 맥코믹은 기업형 에이전트를 도입한 인물로 평가 받는다. 아놀드 파머, 잭 니콜라우스, 타이거 우즈의 에이전트로 활약하였다. 그는 가장 인지도가 높은 스포츠 에이전시인 IMG(International Management Group)을 창립한 주인공이었다. 마지막으로 스캇 보라스는 1970년대에 마이너리그의 야구 선수로 뛴 경력이 있는 선수 출신이다. 우연히 동료였던 선수의 연봉 협상에 참여했던 기회로 에이전트가 되어 후에 보라스 코퍼레이션을 창립하여 지금도 왕성하게 활약하는 미국을 대표하는 스포츠 에이전트로 우뚝 섰다.

한국 프로야구에서도 에이전트 제도가 도입되었다. 대리인이 KBO리그 구단과 선수 계약을 위해 협상할 수 있다. 이 대리인은 자격시험을 통과해야 한다. 과목으로는 KBO 리그 선수대리인 규정, KBO 규약, 협정서, KBO 리그 규정, KBO 기타 규정, 국민체육진흥법의 법칙 규정, 한국 도핑방지 규정 중 선수협회가 지정하는 규정, 계약법 등이다. 이 과목당 60점을 넘어야 합격이다. 2017년 12월에 치러진 시험에서는 149명이 응시해서 91명이 합격했다. 91명 중에서 39명이 변호사와 법무사 등의 법률전문가이다. KBO는 특정 에이전트의 독과점을 막기 위해서 한 에이전트가 관리하는 선수의 수를 제한했다. 구단별로는 3명까지 전체적으로는 15명까지이다. 이에 대하여 선수협은 보도 자료를 통해 우려의 목소리를 내었다. 선수협은 "구단들의 규제로 제한적인 대리인 제도를 시행하지만 선수보유제한 등 불합리한 규제를 폐지하도록 구단을 설득하겠다."[47] 고 했다.

메이저리그와 박병호와 김현수 선수를 계약하는데 역할을 한 리코스포츠 에이전트 이예랑 대표는 에이전트에 대하여 이렇게 규정짓는다. "사전적으로 선수가 운동에 전념할 수 있도록 모든 일을 해주는 사람이라고 정의합니다. 추상적인 것 같지만 일을

47 김정희(2017.9.27.). 프로야구선수협회 "현 KBO규약, 대리인 활동 어렵다". 한국일보.

하다 보면 다 맞는 말이에요. 주된 업무는 선수의 이익을 극대화시키는 거죠. 돈 많이 벌어다주는 게 당연히 가장 중요한 부분이고요. 여기에 선수들이 운동에만 전념할 수 있는 여건을 만들어 주는 것도 에이전트의 역할입니다."[48]

한국의 스포츠에이전트 제도가 자리 잡기 위해서는 세 가지 방향에 신경을 써야 한다. 첫째, 야구 외에도 프로 스포츠 전 종목으로 에이전트 제도가 확대 실시되어야 한다. 이를 위한 전제로 신용 있는 에이전트 회사들이 많이 생겨야 한다. 에에전트 회사들은 국내 프로 구단들이 선수 대리인 제도에 대하여 긍정적 입장을 취할 수 있도록 선수의 권익을 보호하고 구단과의 협상 능력이 좋은 에이전트를 육성해야 한다. 일반적으로 프로 구단은 에이전트 제도를 좋아하지 않는다. 우선적으로 연봉 협상을 하게 되면 지금보다 지출이 늘어날 수 있다고 보기 때문이다. 농구의 경우, 외국인 선수들의 중개로 한정되어 있는데, 추후 국내 선수들을 위한 에이전트 제도 도입이 필요하다. 배구는 아직 시행되고 있지 않지만 협회의 규약 개정을 통해 에이전트 도입이 이루어져야 한다.

---

48 오유교(2017.1.20.). '몸값 100억' 메이저리거들 관리하는 이 여자의 직업은?. 조선일보. http://news.chosun.com.

2018년 3월 22일 '한국스포츠에이전트협회'가 출범한 것은 한국 에이전트 마켓에서 고무적인 일이라 생각한다. 국내에서 활동하는 57개의 에이전트사들이 회원사로 등록하여 한국 스포츠 발전에 기여할 것으로 보인다.

둘째, 한국 프로 구단의 에이전트가 일하는데 제약이 되는 오래된 규칙들은 조속히 변경해야 한다. 야구의 예를 들어보자. KBO 규약 6장 선수 계약 제 42조 [대리인] 항목에는 다음과 같이 나와 있다. "① 선수가 대리인을 통하여 선수계약을 체결하는 경우에는 소정의 변호사만을 대리인으로 하여야 한다. ② 대리인은 동시에 2명 이상의 선수를 대리할 수 없다."[49] 2001년도에 신설된 조항이라고 하지만 에이전트 제도를 시행하면서 법 규약들은 세밀하게 손봐야한다. 변호사만이 선수 대리인이 되는 조항은 바뀌어야 한다. 또한 선수 대리 인원도 다양한 채널을 통해 의견을 수렴해서 수정해야 한다. 또한 추후에는 에이전트가 선수 협상 외에도 중계권 협상에서도 역할을 할 수 있도록 법 조항들이 바뀌어야 한다. 에이전트가 선수의 권익을 보호할 수 있

49 전수은(2018.1.2.). [전수은의 포커스in] 공인 에이전트 제도 시행... 한국의 '스캇 보라스' 나올까. 엠스플 뉴스.

는 차원에서 광고 계약에서의 분쟁을 미연에 방지할 수 있어야 한다.

셋째, 스포츠 에이전트 제도는 프로 구단의 저연봉 선수들의 권익을 보호할 수 있 제도가 되어야 한다. 프로 스포츠에는 인기 스타만 존재하지 않는다. FA가 되어 대박을 터트리는 선수가 있는가 하면, 2군에서 힘든 시간을 보내는 선수들도 많다. 에이전트는 모든 선수들의 분쟁 사고와 법률적 위반 여부도 꼼꼼히 신경을 써야 한다. 변호사이고 KBO 공인대리인 시험 합격자는 이렇게 말한다. "스포츠 에이전트의 역할 중에서 선수의 법률적 문제를 해결하는 것은 가장 중요한 부분 중 하나이다."[50] 에이전트 제도가 성공적으로 안착하기 위해서는 저연봉 선수들의 법률적인 권익을 해결해주는 에이전트가 많이 나와야한다.

한국 프로 스포츠가 한 단계 도약하기 위해서는 에이전트 제도가 잘 정착해야 한다. 프로 스포츠의 콘텐츠 창출자인 선수들이 멋진 플레이를 할 수 있도록 심리적인 안정을 대리인이 제공해야 하기 때문이다.

50 천우석(2018.4.13.). 스포츠 에이전트 시대, 변호사의 도전. 법률신문.

다시 영화 〈제리 맥과이어〉로 돌아가 보자. 제리 맥과이어는 그가 관리하는 풋볼선수인 로드에게 '자기 효능감'을 불어 넣어 준다. 좋은 스포츠 에이전트의 덕목은 선수의 고충을 귀 기울여 들어주고 그에게 자신감을 주는 것이다. 2008년 미국 대통령선거 민주당 경선에서 오바마는 힐러리와 경쟁을 하면서 선거 구호를 "Yes, we can"(그래. 우리는 할 수 있다)를 들고 나왔다. 당시에 힐러리는 선거 이슈와 정책 중심으로 선거 운동을 했고 오바마는 유권자들에게 '희망'에 대하여 강조했다. 오바마는 뉴햄프셔 연설에서 마지막 3분 동안에 "우리는 할 수 있습니다"를 12회나 반복했다. 멋진 말의 레토릭만으로 연설을 마무리 지었다. 이 선거전에서 오바마가 승리한 이유는 명백하다. 유권자들의 자기 효능감을 높여주었던 것이다. 그는 위대한 미국을 만드는 데 미국인들이 어떤 역할을 할 수 있다는 느낌을 주었다.[51] 좋은 에이전트는 돈을 추구하기 보다는 선수의 자기효능감을 높여준다. 제리 맥과이어처럼 돈보다는 더 중요한 가치를 위해 일하는 에이전트가 한국 사회에 많아질 때에 우리의 스포츠 문화는 한 단계 발전할 것이다.

---

51 강준만(2018). 평온의 기술. 서울: 인물과 사상사. p.229.

04 왜 거부들은 프로 축구단에 관심을 갖는가?

2018년 10월 28일 잉글랜드 프로축구 프리미어리그 래스터시티의 구단주인 비차이 스리바다프라바가 개인 소유 헬리콥터 사고로 사망했다. 그는 이날 래스터시티와 웨스트 햄의 경기 한 시간 후 사고를 당했다. 구단주 스리바다프라바는 태국 최대 면세점인 '킹 파워 인터내셔널'의 창립자이자 최고경영자였다. 그의 재산은 33억 달러(약 3조 6천억 원)로 추정되며, 2010년에 래스터시티의 주인이 되었다. 2015 - 2016 시즌은 래시터시티가 정규리그에서 우승하는 획기적인 해였다. 그는 우승 후 10만 파운드(약 1억 5천만 원) 정도하는 BMW i8을 19명의 선수들에게 선물해서 화제가 되기도 하였다. 선수들과 팬들로부터 신망이 깊었던 구단주의 사고 소식에 모두가 숙연해졌다. 이 사건 이후 프리미어리그의 구단주에 대한 관심이 증폭되었다.

프리미어리그는 부자 구단주를 많이 보유한 축구 리그이다. 러시아 석유재벌 로만 아브라모비치가 2003년 첼시를 1억 9600만 달러를 들여 94%의 지분을 샀다. 아브라모비치는 선수 스카우트에 1억 파운드 이상을 투자하고, 명장 조제 무리뉴 감독을 선임하여 2004 - 2005, 2005 - 2006의 우승을 일궈냈다. 2008년 셰이크 만수르는 맨시티를 인수하였다. 만수르의 재산은 약 30조원으로 알려졌다. 부호들이 프리미어리그의 구단을 사는 이유는 '수익성'이 좋기 때문이다. 왓퍼드의 지노 포즈는 2012년에 62만 달러에 구단 지분 50%를 취득했는데, 지금은 구단의 가치가 7,000만 달러를 넘고 있다. 구단 소유와 운영은 수익성도 좋고, 광고 효과도 엄청나다. 맨체스터 유나이티드와 같은 유명 클럽은 아디다스로부터 연 1,307억 원, 쉐보레에게 연 880억 원을 받고 있을 정도이다.[52]

---

52 정원엽(2018.3.10.). 수익률만 1만 1588%... EPL 구단주 되려면〈1〉. 중앙일보. http://news.joins.com.

부자 구단주들은 프리미어리그 선수들에게 최고 대접을 한다. 2014년 이후로 프리미어리그 선수의 평균 연봉은 200만 파운드(약 35억 원)를 넘겼다. 프리미어리그 선수들은 평균적으로 일주일에 일반 직장인의 연봉 평균치를 뛰어넘는 4만 3717파운드(약 7,700만원)를 받는다. 독일 분데스리가의 평균 연봉은 145만 6565 파운드(약 25억원)이다. 이탈리아 세리에A의 평균 연봉은 약 23억 원, 스페인 프리메라리가의 평균 연봉은 약 21억 원이다.

구단 운영에서의 수익성외에 거부들이 구단주에 관심을 갖는 이유는 두 가지로 설명이 가능하다. 첫째는 개인적인 축구에 대한 애정이 크게 작용하고 있다. 대부분의 부호들은 '조'단위의 부를 축적한 자들이다. 이들에게는 축구단으로 부터 벌어들이는 금전적 혜택보다도 중요한 무엇이 있을 것이다. 2014년 스페인 프리메라리가 발렌시아 FC 주식의 70.4%를 매입하고 최대주주가 된 이는 싱가포르 사업가 피터 림이다. 피터 림의 자산은 25억 달러(약 2조 8,000억 원)로 추산된다. 그는 소문난 축구 마니아다. 2013년 이탈리아 인터밀란의 지분 70%를 인수한 구단주는 인도네시아 미디어 재벌 에릭 토히르이다. 그 또한 축구에 대한 애정이 넘치는 사업가이다.

둘째, 자신의 개인 사업에서 이미지 개선에 도움을 받기 때문이다. 유럽의 명문 구단을 소유한다는 것은 현대판 '작위'를 얻는 것과 같다. 구단주는 단순한 오너가 아닌, 명예직이다. 현대 사회에서 명문 구단은 그 자체가 최고와 명예의 상징이다. 이 구단의 소유는 '최고'라는 이미지가 구단주에 덧입혀지는 것이다.

부자들이 구단을 사는 이유는 그들이 돈으로 스토리텔링을 사는 것이라 생각한다. 축구는 전 세계 누구와도 함께 이야기할 스토리를 제공한다. 이 스토리를 통해서 가족이나 친구들과 밤새워 와인 마시며 이야기를 할 수 있다. 구단주가 되는 경험은 특별한 경험이고 이는 다른 누군가와 공유할 수 있는 소중한 경험이기도 하다. 최인철은 이러한 경험은 관계를 넓히고 강화하는데 도움을 준다고 한다.

"돈으로 경험을 산다는 것은 결국 돈으로 이야깃거리를 산다는 것이다. 이야깃거리는 관계를 전제로 하기 때문에, 경험이 제공하는 이야깃거리는 관계를 강화시킨다. 우리는 함께 경험하기를 원한다. 설사 혼자서 한 경험이라도 수다를 통해 그 경험을 나누어 주기를 원한다. 친구와 함께 백화점에 간 경우에 사려는 물건이 서로 다르면 헤어져서 각각 쇼핑한 후에 만나기도 한다. 그러나 등산을 함께 간 친구들이 서로 좋아하는 봉우리가 다르다는 이유로 헤어져서 각기 다른 봉우리를 등산하고 내려와 만나는 경우는 드물다. 경험은 소유보다 훨씬 더 관계 지향적이다."[53]

부호들의 구단주가 되는 현상은 구단 성적 향상에 긍정적으로 작용한다. 2008년 셰이크 만수르가 맨시티를 인수하고 대대적인 투자를 했다. 리그 하위권에 머물던 맨시티는 만수르의 투자에 힘입어 2011 - 2012시즌과 2013 - 2014시즌을 제패했다. 부호들의 선수를 위한 투자, 경기장 환경 개선, 팬들을 위한 서비스 개선을 통하여 구단은 한 단계 업그레이드된다. 토트넘의 다니엘 레비 구단주도 2001년 구단을 인수한 이래 효율적인 투자로 팀을 명문으로 거듭나게 했다. 부호들은 좋은 선수를 영입하고 여러 투자를 하고 있다.

부호 구단주는 팀에 부정적인 영향력을 행사하기도 한다. 첼시 구단주인 로만 아브라모비치는 구단 운영에 너무 많이 관여

---

53 최인철(2018). 굿라이프. 파주: 21세기북스. p.120.

하는 것으로 유명하다. 2003년부터 9명의 감독을 경질하고 본인의 의도에 맞게 감독을 영입하곤 했다. 카디프시티의 빈센트 탄 구단주는 팀의 오랜 상징이었던 블루버드 엠블렘을 붉은 용으로 바꾸어 버렸다. 그는 본인과 뜻이 맞지 않는다는 말키 맥케이 감독을 경질하기도 하여 카디프시티 팬들의 심기를 건들기도 했다.

축구는 누군가에게는 스포츠이지만 누군가에게는 명예이다. 이 명예의 터전에 들어가고 싶은 부호들이 오늘도 유럽 명단 구단을 사기 위해서 서성거리고 있다.

05 프리미어리그의 차별화 전략

2017년 12월 9일 토트넘이 스토크시티와의 프리미어리그 경기에서 5대 1로 승리한 후, 영국 언론들은 손흥민을 토트넘의 '영웅'으로 치켜세웠다. 손흥민은 팀 내 크리스티안 에릭센, 델리 알리, 해리 케인 등 공격수 네 명 중에서 가장 적게 출전 하면서 최고 성과를 내는 선수로 인정받았다. 개인적으로도 손흥민 선수 덕에 프리미어리그 보는 빈도가 높아졌다.

어느 날 손흥민을 비롯한 유명 선수들의 환상적 플레이의 비밀이 궁금해졌다. 나는 이 궁금증의 해답을 스리니 필레이의 연구에서 발견했다.[54] 최고의 팀은 공격이나 수비를 물 흐르듯이 한다. 스리니 필레이는 손흥민과 같은 정상급 선수는 축구 시합에서 '집중'과 '비집중'의 오묘한 조화를 알고 있다고 진단한다.

오케스트라를 보면 모든 단원은 각자 맡은 부분을 숙달하기 위해 '집중'에 대하여 연습한다. 유명 연주자는 연습 후 일단 콘서트가 시작되면 기량과 소리를 적절히 조화시켜 자신의 악기가 전체에 녹아들도록 하는 '비집중'에 귀를 기울인다. 그는 자신이 맡은 부분을 훌륭히 연주하면서 따라가는 집중과 동시에 다른 연주자들과의 호흡을 통한 전체를 맞추어 나가는 비집중의 여백을 잘 알고 있다. 팽팽한 집중을 유지하다가 어느 순간에는 느슨하게 하면서 오케스트라의 하모니는 완성된다. 스포츠 상황도 마찬가지이다. 좋은 체력을 지닌 테니스 선수가 탁월해지기 위해서는 기술 연습을 많이 해야 한다. 그립 잡는 법, 타구 방향으로 공을 때리는 방법, 몸 방향에서의 발의 위치, 서브할 때 공위치, 발리 시 라켓 위치 등에 대한 올바른 방법을 익혀야 한다. 공을 감각적으로 치기 위해서 상대가 반격하기 어려운 지점으로 치는 감각이 체득화 되어야 한다. 이와 같은 기술 연마

54 스리니 필레이(2018). 멍때리기의 기적(안기순 역). 파주: 김영사.

는 그 테니스 선수의 뇌에 '청사진'으로 남는다. 선수는 그 청사진에 따라 공을 따라가며 경기를 하면서 동시에 집중과 비집중이 교차되는 순간을 운영하는 법을 배운다. 경기 내내 뛰어다니는 것이 아니라, 상대방의 움직임이나 실수 등으로 비집중 또는 이완의 순간을 경험하게 된다. 축구의 손흥민 선수도 절정의 기량을 선보이는 경기에서는 항상 상대편 골문에서의 집중이 돋보이고, 동시에 동료들이 공을 몰로 갈 때에 물 흐르듯이 공격에 가담하는 경우가 많다.

프리미어리그 유명 선수들의 플레이를 밤늦게 시청하면서 나는 노자의 '상선약수'(上善若水)를 떠올렸다. 상선은 최고의 덕(德)과 같은 말이다. 최고의 덕을 실천하기 위해서는 아래에 있어야 한다. 늘 낮은 곳에 임하면서 위를 지지해 준다. 물은 우리에게 이로움을 준다. 우리에게 많은 것을 주면서 아래로 흐른다. 자신의 존재감을 드러내지 않으면서 우리를 살린다. 손흥민 같은 선수는 아래에 향하면서 자신을 드러내지 않는 법을 알고 있다.

프리미어리그는 집중과 비집중을 잘하는 유명 선수들을 많이 보유한 축구 리그로 유명하다. 이 리그가 성공한 이유는 무엇인가? 첫째, 이 리그는 모든 것을 개방하고 있다. 프리미어리그 구단 가운데 3분의 1 이상의 구단주는 외국인일 정도이다. 외국인 비율로 감독은 50%, 선수는 70%에 육박한다. 실로 엄청나다고 할 수 있다. 이 리그는 자국선수를 보호하기 보다는 최정상의 실력을 위한 변화를 모색하고 성공했다.

둘째, 프리미어리그는 엄격한 평가로 유명하다. 잉글랜드 프리미어리그의 경기 운영의 큰 특징은 승강제이다. 시즌이 끝나면 1부 리그의 3개 팀은 바뀐다. 2부 리그의 시즌 내 2위까지는 자동적으로 올라가고, 한 개의 자리는 2부 리그의 3위부터 6위가 플레이오프 시합을 치러서 차지한다. 어찌 보면 복잡해 보이는 이 승강제도는 1부와 2부 팀들 모두의 경기를 활기차게 만들어준다. 이 엄정한 평가 제도가 프리미어 리그를 인기 있는 리그로 이끌었다.

세계 최고의 프리미어리그는 자연발생적으로 태동한 것은 아니다. 축구 종가로서의 자존심이 짓밟히고 많은 아픔을 이겨내고 만들어졌다. 이 리그는 1992년 기존 존재하던 1부 리그의 명칭을 변경해서 출범하게 되었다. 1990년 초반에 영국의 축구 관계자들은 상당한 위기감을 느꼈다. 이탈리아와 스페인 리그의 성장으로 자국의 축구팬들까지 그들 리그에 잃었다. 내적으로도 경기력 저하, 훌리건 문제로 영국 축구는 몸살을 앓았다. 당시 환골탈태라는 말은 영국 축구에 딱 들어맞는 말이었다. 1992년에 프리미어리그는 20개 클럽이 주주인 주식회사로 탄생했다. 주식회사로서의 프리미어리그는 서로가 오너십을 발휘해야 했으며 이는 성공적인 운영 방식으로 자리 잡게 된다. 이 리그는 영국 축구 협회로부터 독립을 했고 중계권을 별도로 운영 및 관리했다. 중계권 운영의 독립은 리그가 재정적으로 성공하는 발판이 되었다.

프리미어리그의 중계권료는 매년 상승하고 있다. 아시아 및 중동 지역에서 중계권료로 약 2조원 이상이 들어오고, 전체 중계료는 약 6조 정도로 추산된다. 이 리그는 시즌 동안 홈경기 및 어웨이 경기 방식으로 각 팀들과 2경기씩 총 38경기를 치른다. 승리 시에는 3점, 무승부에는 1점, 패배는 0점으로 점수를 부여한다. 이러한 승점제는 수비보다는 공격에 치중하도록 유도해서 재미있는 축구를 하게 만든다. 리그 출범 이후에 약 2만 5천골 이상이 터졌다. 이제 영국 프리미어리그는 재미있는 축구의 대명사가 되었다.

영국 정부의 입장에서도 프리미어리그는 관광수입의 원천으로 간주된다. 2010년에만 75만 명의 관광객이 프리미어리그 경기를 위해 영국을 찾았다. 영국 관광청에 따르면, 2010년 한해 축구 관광객들은 총 5억 9,500만 파운드(약 9,220억 원)를 썼다고 한다. 1인당으로 환산하면 120만원으로, 일반 관광객의 지출 평균인 87만원을 훨씬 상회한다.[55]

프리미어리그의 전략의 원천은 '위기감'이었다. 축구 종가의 자존감이 무너지는 상황에서의 위기감을 바탕으로 그들만의 차별적 리그를 만들 수 있었다. 차별적인 리그이지만 배타적이지 않은 개방적인 리그가 성공의 원천이다. 이 리그는 전 세계인들이 공감하고 흥미를 가질 수 있는 시스템의 보편화와 공정화를 시행했다. 세계 정상급 감독과 선수들이 몰려들었고, 축구팬들의 눈과 귀는 이 리그를 주목했다. 또 다른 성공 요인은 선수들이 재미를 위해서 '상선약수'하는 자세의 플레이를 보여준다는 점이다. 혼자만 독점적인 플레이를 하기 보다는 비집중을 통해 조화로운 플레이를 선보이는 이 리그에 전 세계 팬들은 열광한다.

---

55 서울경제신문(2011년 8월 19일). EPL 관광수입 9,220억 원.

06 스크린 스포츠 열풍 시대

들뢰즈와 가타리는 그들 철학을 전개하는 데에 '기관 없는 신체'(Corps sans Organe)라는 개념을 주창했다. 기관이 없다는 것은 몸의 기관을 상실한 상태를 말하는 것이 아니다. 이는 신체가 탈기관화하여 몸이 계속적으로 발전하기 위한 전제 조건으로의 신체를 말하고 있다. 처음 골프를 배우는 사람은 그립을 잡는 법, 몸통 회전하는 법, 스윙하는 법, 피니쉬 자세 등을 배운다. 전혀 골프를 하지 못하던 몸에서 훈련을 통하여 골프가 가능한 몸으로 바뀌어간다. 몸의 기관이 고정적이라면 이는 불가능하다. 들뢰즈와 가타리는 이러한 몸의 변화를 탈기관화의 결과로 본다. 그들은 몸을 고정적으로 두지 말고 현 상태에서 탈기관하라고 말한다. 그들 철학에서 영토와 코드는 중요 개념이다. 그들은 내 신체가 역동적으로 살기 위해서 영토와 코드를 계속 탈(脫)하기를 외친다. 탈영토화, 탈지층화, 탈코드화를 통하여 인간은 나아가는 것이다.[56] 나는 한국의 스크린 골프장을 갈때마다 야외 골프장이 '지층'이라면, 이곳은 탈지층화된 장소라고 생각한다.

한국의 스크린 골프의 인기는 야외 스포츠 참여의 시간적 그리고 공간적 제약에서 근거한다. 경험상 골프 라운딩을 하면 하루를 다 잡아먹는다. 새벽 골프건, 오후 골프건 간에 골프만 하는 것이 아니고 식사하고 담소하는 시간까지 합치면 대체로 골프 라운딩은 하루 종일 걸리는 셈이다. 골프장 위치도 대부분 가까우면 경기도, 조금 멀면 강원도나 충청북도에 위치한지라 이동 시간이 만만치 않게 소요된다.

한국의 스크린 골프 시장의 규모는 2017년 기준으로는 약 1조 2,000억 정도이다.[57] 이는 실외 연습장(8,122억 원), 실내 연

56 질 들뢰즈, 펠릭스 가타리(2001). 천개의 고원(김재인 역). 서울: 새물결.
57 안재만(2017.7.4.). 스크린 골프 시장, 1조 넘는 규모로 성장. 조선비즈.

습장(1,430억 원)의 규모를 능가한다. 스크린 골프와 연관된 용품, 운영, 시설관 등의 파생상품 시장도 1,400억 원을 넘는다.

한국 스크린 골프의 성장 배경에는 두 가지 요인이 복합적으로 작용한다. 첫 번째는 우리 사회 구성원에게 친숙한 방 문화가 골프와 만나 스크린 골프의 호황을 이끌고 있다. 한국인들에게 노래방은 스트레스를 풀거나 친목을 다지는 중요한 여가 공간이다. 방 안에서 여가 활동에 참여하면 더욱 친해진다. 두 번째는 필드 라운딩에 비해 저렴한 비용 효과가 작용한다. 스크린 골프 이용료는 평균 1만 5,000원 정도로 라운딩에 비해 비용이 저렴하다 보니, 중장년층 외에 청년층에서도 스크린 골프는 인기를 얻고 있다. 실제 라운딩에 참여하기 어려운 청년 계층들도 스크린 골프를 통하여 골프에 애정을 쏟고 있다.

스크린 골프의 정식 용어는 '시뮬레이션 골프'이다. 이는 우리나라에 최적화된 여가활동이다. IT 강국인 한국의 디지털 기술이 스포츠와 최적의 만남을 한 것이다. 2007년에 1,000억 원인 국내 시뮬레이션 스포츠 시장은 2013년부터 1조 5000억으로 커졌다. 2017년 스크린 골프 애호인구는 2016년의 66만 명에서 획기적으로 증가한 351만 명이다. 2016년 5월 산업연구원의 발표에 따르면, 국내 스크린 골프 시장은 약 1조 200억 원으로 추산되어 3조 1,650억 원인 필드 골프의 32%까지 성장하였다.[58] 스크린 골프는 현재 20여개의 업체가 시장에 뛰어들었다. 이 시장의 강자는 골프존으로 시장 점유율은 약 60%정도이다. 후발주자들인 카카오 VX, SG 골프 등이 시장을 확대해 나가고 있다.

스크린 골프 외에도 스크린 야구는 2014년부터 시작되었다. 리얼 야구존이 처음에 인기를 얻기 시작했으며 현재 10여개의 스크린 야구 업체들이 서비스를 제공하고 있다. 이 시장 규모는 대략 5,000억 원으로 추산되고 매년 20% 이상 성장하고 있다. 테니스, 낚시, 볼링, 승마, 사격 등의 스크린 스포츠들이 여가 고객들에게 소개되었으며 기존 스포츠에서 볼 수 없었던 게임의 다양화나 온라인 시합이 가능해져서 추후에는 이들도 스크린 골프만큼의 인기를 얻을 것이다.

스크린 스포츠의 성공 여부는 기술과 밀접히 관련된다. IT 기

58 김지한(2018.5.9.). VR, AR 만난 스크린 스포츠 어느새 5조원 시장. 중앙일보.

술을 바탕으로 3D 그래픽 기술이 잘 접목이 되어야 한다. 스포츠에 대한 가상현실(VR)과 증강현실(AR)의 도입은 스크린 스포츠의 지평을 넓힌다. 이제 우리는 메이웨더나 파퀴아오와도 가상으로 시합할 수 있는 시대에 살고 있다. 스크린 스포츠가 지금 보다 더 성공하기 위해서는 소비자 친화적인 공간으로 거듭나야 한다. 예를 들어, 스크린 골프장이면서 맛있는 커피를 마실 수 있는 공간이자 수다가 가능한 장소이어야 한다. 유현준은 우리가 공간적으로"경계의 모호성" 시대에 살고 있다고 진단한다.

"우리는 지금 하나의 공간이 여러 가지 중복된 기능으로 사용되는 시대에 살고 있다. 과거에는 사무실은 사무실, 카페는 카페, 도서관은 도서관으로 확연하게 기능이 분리되어 있었지만 지금은 아니다. 모바일 기기의 발전으로 특정 공간이 어느 하나만의 기능을 수행하는 시대는 지났다. 따라서 사용자의 용도에 따라 공간을 나누는 것이 무의미해지고 있다."[59]

59 유현준(2018). 어디서 살 것인가. 서울: 을유문화사. p.77.

한국 사회의 스크린 스포츠는 계속 진화할 것이다. 소비자의 욕구에 맞는 기술을 계속 개발해 나가면 이 시장은 더욱 팽창할 것이다. 들뢰즈와 가타리식으로는 야외 골프라는 지층은 스크린 골프로 탈지층화되고, 다시 골프 문화의 변혁을 일으키고 있다. 인간사의 발전은 두 철학자 말대로 계속되는 시도와 저항, 지층화와 탈지층화, 영토화와 탈영토화, 진행과 역행을 통하여 현재에서부터 다른 곳으로 탈주(脫走)해 나가면서 진행되고 있다.

07 스포츠 이벤트와 도시 성장

일반적으로 이벤트는 행사, 사건, 시합, 종목 등의 개념을 포함한다. 이는 특정 목적 하에서 기획되고 운영되며 그 목적을 달성하기 위하여 특정 장소에서 행사가 진행되는 것을 말한다. 이형호와 정성범은 스포츠 이벤트가 주목받는 이유에 대하여 "물질적인 풍요에서 정신적인 풍요를 더욱 더 중요하게 여기는 시대적 요청에서부터 이다. 탈공업화에서 정보사회로의 변화 속에서 인간은 정신적인 풍요를 추구하게 되었으며, 이는 개성화, 다양화하게 되었고 개인의 감성을 주축으로 한 개성 표현의 욕구에서부터 이다."[60]라고 진단한다.

일반적으로 스포츠 이벤트는 지역 발전에 크게 기여한다. 스포츠 이벤트를 개최하는 도시는 많은 경제적인 이익을 얻기 때문에 유치하고자 노력한다. 스포츠 이벤트 개최 도시는 지명도가 상당히 높아진다. 스포츠 이벤트 개최의 가치에 대하여 김영갑은 세 가지로 구분하였다.[61]

첫째, 경제적인 가치이다. 우리나라의 경우 지방분권화가 시작되면서부터 지역의 스포츠 이벤트에 대한 관심이 증폭하였다. 스포츠 이벤트 유치과정에서 정부 및 민간 기업의 연구소들은 스포츠이벤트 유치 및 개최를 통한 엄청난 경제적인 효과를 이야기한다.

둘째, 정치적 가치이다. 스포츠는 "비합리적인 상징"[62]으로 기

---

60 이형호, 정성범(2007). 지방자치단체의 스포츠이벤트와 지역발전의 관계. 한국스포츠엔터테인먼트법학회, 10(4), p. 396.

61 김영갑(2011). 스포츠이벤트 개최의 설명력과 가치론적 정당성 논의. 움직임의 철학: 한국체육철학회지. 19(1), pp. 95-106.

62 김영갑(2011). 스포츠이벤트 개최의 설명력과 가치론적 정당성 논의. 움직임의 철학: 한국체육철학회지. 19(1), p. 101.

존의 질서를 유지하고 정치 세력을 정당화하는데 기여한다. 지방자치단체가 스포츠 이벤트를 유치하는 것은 지역민들의 단결, 정치적 갈등 해소와 연관된다. 김영갑은 정치적 상징은 상업주의에 따라서 고취되고, 상업주의는 정치적 상징성에 의해서 강화된다고 한다. 스포츠 이벤트는 정치적 상징이나 상업주의를 향상시키는 매체로 부족함이 없다.

셋째, 사회문화적 가치이다. 지역에서의 스포츠 이벤트 개최는 비가시적 성과가 더 많다. 특정 지역을 전 세계에 홍보하고 도시의 특징을 알릴 수 있다. 스포츠 이벤트 개최 후 스포츠 시설은 그 지역의 스포츠 인프라를 구축하는 데 기여한다.

스포츠 이벤트는 도시 마케팅의 중요 수단으로 등장하고 있다. 도시 마케팅은 도시의 여러 가지 환경을 개선한다. 1980년 들어서 선진국들의 공장이 다른 나라로 이전하는 경향이 두드러졌다. 공장이 있던 자리는 폐허나 공동화 현상이 일어나 도시 재건에 대한 필요성이 대두되기도 하였다. 도시를 살리고 이 주민의 생활을 만족시키고 관광객들의 방문을 촉진하기 위하여 적절한 도시 마케팅이 필요하다. 도시 마케팅은 상품보다는 서비스에 주안점을 두고 도시의 경쟁력을 강화하고 이미지 개선을 시도한다.[63] 스포츠 이벤트 개최는 도시 마케팅의 일환이 되고, 도시 경제를 활성화한다. 도시를 좋게 만들기 위해서는 "추억 생산"이 가능하게 해야 한다. 유현준은 좋은 공간을 만들기 위해서는 아이들의 놀이 공간 찾기가 가능한 장소가 많아야 한다고 말한다.

"도시를 좋게 만들려면 추억이 만들어질 만한 장소가 많아야 한다. 그런 장소를 만드는데 가장 천부적인 재능을 가진 이들이 어린아이들이다. 어릴 적을 생각하면 어떻게 그렇게 숨겨진 공간과 버려진 땅을 찾아서 재미난 놀이터로 만들었을까 하는 생각이 든다. 빈 골목길은 축구장이나 야구장을 비롯한 각종 놀이터가 되었고, 비가 오면 물이 고인 웅덩이에서도 여러 가지 재밌는 놀이를 했다… 아이들은 '시간'만 있으면 '공간'을 찾아서 '장소'를 만든다."[64]

---

63 유재구, 왕석우, 신태근(2010). 스포츠이벤트 개최도시의 도시마케팅 효과: 개최도시 주민대상 설문조사를 중심으로. 한국스포츠산업경영학회지, 15(4), 63-77.

64 유현준(2018). 어디서 살 것인가. 서울: 을유문화사. p.60.

스포츠 이벤트가 도시 성장에 긍정적인 영향을 미치기 위해서는 두 가지를 고려해야 한다.

첫째, 개최 준비를 할 때에 지역민의 의견을 철저하게 수렴해야 한다. 무리하게 준비한 스포츠 이벤트로 긍정적 결과를 기대할 수 없다. 스포츠 이벤트에 대한 지역민들의 호응이 수반될 때에 긍정적인 효과가 나타난다. 2014년 인천아시안게임을 준비하면서 4,672억 원을 투입하여 주경기장을 새롭게 건립하였는데 이는 재활용 측면에서 실패한 경기장이다. 이벤트 신청 초기에서부터 경기장과 시설은 사후 관리를 계획해야 한다. 이벤트만 마치고 경기장을 활용하지 못한다면 그 피해는 고스란히 지역 주민의 몫으로 돌아간다. 개최 준비와 진행에서 반드시 지역 사회 주민들의 의견을 경청해야 한다.

둘째, 스포츠 이벤트 개최를 위하여 경제적인 준비를 잘해야 한다. 메가 스포츠 이벤트의 경우에는 천문학적인 돈이 투입된다. 이 돈의 재원은 중앙 정부와 지방정부의 공동 출자로 이루어지는 경우가 대부분이다. 돈의 출처는 결국 국민의 세금을 기반으로 한다. 경기장 건립, 경기 진행, 사후 시설 활용, 관광 시설로의 전환, 인근 지역과 통합 마케팅 등을 고려해서 경제적으로 문제가 파생하지 않도록 신경을 써야 한다.

2004년 아테네올림픽과 2016년 리우 올림픽은 무리하게 올림픽을 개최해서 국가 경제에 부정적인 영향을 미친 이벤트로 평가된다. 경제적 파급효과를 미리 잘 계산하지 못하면 이들 올림픽처럼 국가 경제에 부담을 줄 수 있다. 추후 올림픽은 '올림픽 어젠더 2020'에 의해 분산 개최가 가능해졌다. 분산 개최는 이벤트의 준비 및 운영비용을 경감시킬 수 있다. 경기장과 운동시설을 새로 짓는 데에 비용 부담이 없어야만 성공적인 개최가 가능하다. 아무리 세계인의 이목이 많이 집중되었다고 해도 메가 이벤트 이후에 특정 지역이 경제적 곤란을 겪는 다면 이는 진정한 의미의 개최 성공은 아니다. 우리나라의 경우 추후 이벤트를 개최할 때에는 1988년 서울 하계 올림픽, 2002 한일 공동 월드컵과 2018 평창 동계 올림픽으로 조성된 시설들을 재활용하는 지혜가 필요하다. 지금은 이미 이벤트를 개최한 도시 내 시설들을 재활용하여 여가 스포츠 공간으로 재창출하거나, 스포츠 관광 자원으로 최대화하는 아이디어가 필요한 때이다.[65]

---

65 조송현, 윤거일, 김종백(2018). 부산 하계올림픽 유치 방안 탐색: 메가 스포츠이벤트 분산개최 사례를 중심으로. 한국스포츠산업경영학회지, 23(4), 48-65.

실제 스포츠 이벤트 후에 난개발로 인한 문제는 우리의 풀기 힘든 난제가 되었다. 스포츠 이벤트가 끝나고 난 자리에는 흔적이 남는다. 환경 파괴나 자연 훼손은 우리 삶에 직접적인 영향을 미친다. 우리는 메가 이벤트가 끝나고 나서 승리한 팀만을 기억하지만 그 도시를 재생하고 복구하기 위해서는 보이지 않은 손들이 영민하게 움직여야 한다. 김민섭은 쓰레기와 배설물을 보고 싶어 하지 않는 우리의 탐욕 뒤에 고생하시는 청소노동자의 노고가 존재한다고 말한다.

"도시는 언제나 그 공간이 품은 사람만큼의 폐기물을 만들어 낸다. 하지만 누구도 그것을 보고 싶어 하지는 않는다. 쓰레기와 배설물은 하루가 지나면 어디론가 모두 흔적 없이 사라지고, 우리는 거기에 익숙하다. 그렇게 보이지 않는 시공간으로 밀려난 노동이 있다. 우리는 쓰레기를 보고 싶어 하지 않는 것처럼, 그것이 사라지는 과정 역시 보고 싶어 하지 않는다. 어느 대학/ 회사에서는 청소노동자가 일반 복도를 걸어 다니지 못한다. 그들을 위한 쉼터도 마련되지 않아서 화장실 청소 도구실에 숨어서 밥을 먹는다. 살펴보면, 우리 주변에는 언제나 우리를 위한 요정이 있다. 그들을 노동자가 아닌 요정으로 만드는 것은, 그들의 신체를 지워 버리는 것은 결국 우리다."[66]

그들을 요정으로 만드는 것은 바로 "우리"다. 한국 시리즈가 끝난 후 경기장에 널려 있는 쓰레기를 치우시는 분들, 밤새 지키시는 분들, 전광판을 닦는 분들, 아무렇지도 않게 버린 화장실 휴지를 치우는 분들이 있기에 우리는 언제나 편하게 스포츠를 즐길 수 있다. 메가 스포츠 이벤트 개최 후에 이를 정리하는 수고와 노고가 존재한다는 사실에 의미를 되새겨야 한다. 이제는 개최보다 환경과 가치 보존이 더 의미가 있는 시대이다.

도시는 스포츠를 통해 숨을 쉰다. 어떤 이벤트로 색채를 입혔는지에 따라 도시는 변모한다. 도시의 발전을 위해서는 이벤트 개최에 대하여 장고가 필요하다. 일단 개최가 확정되면 국민적 합의를 이끌어 내고 그 도시에 맞는 철학이 어우러지는 스포츠 이벤트 개최가 되도록 노력해야 한다.

66 김민섭(2016). 대리사회, 서울: 와이즈베리. p.244.

"도시는 스포츠를 통해 숨을 쉰다."

08 슈퍼볼 광고 트렌드는?

매년 2월이 되면 미국은 슈퍼볼 열기에 휩싸인다. 미국프로풋볼리그(NFL)의 소위 챔피언 결정전인 슈퍼볼은 미국 국민의 많은 사랑을 받는 스포츠 이벤트이다. 미국인들의 슈퍼볼에 대한 관심과 애정이 과도하다 보니 경기 전후에 TV로 방송되는 광고는 언론의 도마에 항시 오르내린다. 슈퍼볼 광고 총액은 4억 달러를 상회하고 있을 정도로 광고 시장의 핫이슈로 등장하였다.

텔레비전 광고는 대략 30초 정도로 이 광고 단가는 약 500만 달러(약 60억 원)을 넘어섰다. 초당 2억이 넘는 것이다. 슈퍼볼 광고에 주로 참여하는 미국계 회사는 아마존, 버드와이저, T-모바일 등 이다. 우리나라 기업으로는 현대, 기아차와 LG전자가 있다. 4쿼터 까지는 약 65편의 광고가 노출된다.

많은 기업들이 슈퍼볼 광고에 엄청난 돈을 투자하는 이유는 자명하다. 슈퍼볼의 시청률이 50%에 육박하기 때문이다. 미국 내 시청자수가 약 1억 1,500만 명 정도 되고, 전 세계적으로 시청자 수는 약 10억 명 정도가 된다. 이와 같은 브랜드 노출 효과로 인하여 기업들은 슈퍼볼에 광고하기를 원한다. 2017년 슈퍼볼은 사상 처음으로 연장전까지 갔다. 이 슈퍼볼에서는 현대차가 가장 높은 광고 효과를 냈다. 당시 현대차는 두 가지 전략을 구사했다. 경기 중에 광고를 보내지 않는 것과 동시에 자동차 광고에서 차를 노출시키지 않는 것이었다. 실제 현대차는 경기가 종료된 후 광고를 보냈다. 미국 기지에 가상현실 부스를 설치해서 서로 떨어져 슈퍼볼을 보는 미군 가족들의 애틋한 감정을 광고에 녹아냈다. 가족들은 영상으로 서로 안부를 전하며 눈물을 흘리고 있는데, 광고 말미에 'Better drive us, Hyundai'라는 문구가 등장했다. '더 좋은 슈퍼볼'(A better Superbowl)이라는 제목으로 미국인들의 심금을 울린 이 광고는 최고의 효과를 거

두었다. 또한 경기 중에 광고를 보내지 않아 비용이 저렴했다.[67]

많은 이들이 주목하다 보니 슈퍼볼 경기 중간에 사건 하나하나가 마케팅으로 연결이 되기도 한다. 2013년 슈퍼볼 경기 중간에는 가수 비욘세의 하프 타임 쇼가 끝난 후 갑자기 경기장 일부에서 정전 사태가 일어났다. 정전 이후에 약 30분 동안 많은 사람들은 대책 없이 기다려야 했다. 모두가 당황해 하던 이때에 오레오 과자는 트위터 계정에 "정전? 아무 문제가 없다"고 명시한 후에 "당신은 어둠 속에서도 덩크 슛을 할 수 있다"(You can still dunk in the dark)는 문구가 있는 오레오 화이트 크림 쿠키 광고를 실었다. 이 문구는 오레오가 수십 년 동안 미국인들에게 전한 친숙한 메시지였다. 오레오 과자를 맛있게 먹으려면 우유에 살짝 담갔다가 꺼내 먹으면 좋다는 사실과 위 광고 문구는 서로 연결이 된다. 이 트위터에 대하여 당일 저녁에만 총 1만 4천 건의 트위터 재전송이 이루어졌다고 한다. 박병호는 오레오가 이렇게 기발한 아이디어를 현장에서 쓸 수 있었던 이유에 대해 소셜미디어 마케팅 홍보(MPR)를 담당하는 팀의 경기 중 대

67 이정연(2017.2.7.). 2억 명이 보는 미 슈퍼볼 광고전... 현대차가 웃은 이유는. 한겨레.

기를 들었다. 오레오의 광고를 맡은 업체인 360i의 사라호프스테터 대표는 경기 중 인터넷에서 오레오 관련 대화를 나누는 중에 정전 사고를 경험하게 된다. 이에 오레오를 연결시킬 방법을 찾다가 트위터로 해당 메시지를 송출한 것이다.[68] 모두가 당황하는 때에도 기발한 마케팅 아이디어는 기업의 브랜드 노출 효과를 거두었다.

2018년 슈퍼볼 광고의 키워드는 단연 '나눔'이었다. 황지영 교수는 2018년 광고의 트렌드를 세 가지로 진단하였다.[69]

첫 번째는 버드와이저 맥주 회사인 앤하우저-부쉬 인베브는 이번에 버드와이저 광고에 물을 기부하는 광고를 실었다. 미국 적십자와 공동으로 캔에 담은 물을 자연 재해로 힘들어 하는 지역에 기부하는 내용이 담았다. 실제 앤하우저-부쉬사는 과거 30년 동안 물을 기부하는 봉사를 해서 물 부족 지역에 약 7천 9백만 캔을 공급했다 한다.

---

68 박병호(2013). 슈퍼볼 정전 사태와 오레오의 게릴라 마케팅에서 배우는 미디어 작전상황실의 필요성. 월간 경영계. 405, 56-57.

69 황지영(2018.2.7.). [황지영의 선한 마케팅] 슈퍼볼 경기 광고 속에 떠오르는 트렌드, '기업의 나눔과 CSR'. 미디어SR. http://www.mediasr.co.kr.

두 번째로 맥주 브랜드 스텔라 알토이즈는 미국 배우 맷 데이먼이 세운 자선 단체인 water.org 조직과 함께 광고를 찍었다. 이 광고에서 맷 데이먼이 직접 나와 저개발 국가에 물을 공급하는 이유에 대하여 말하였다. 그는 water.org와 아마존에서 13달러에 판매되는 유리잔을 소비자가 구입할 시에 3달러는 이 물 공급 활동에 기부된다는 것을 언급했다.

세 번째로 현대 자동자의 소아암 투병 광고였다. 이 광고에서는 현대 호프 온 휠즈(Hyundai Hope on Wheels)라는 비영리 조직을 소개했다. 2018년으로 20주년을 맞은 이 조직은 그동안 1억 3천만 달러를 소아암 퇴치 연구에 기부했다. 이와 같은 기업들의 나눔을 강조한 슈퍼볼 광고로 인해서 기업의 이미지 개선효과가 나타났다.

전 세계인들의 슈퍼볼에 대한 관심이 계속 증가하는 시점에서 광고비 또한 계속 상승할 것이다. 문제는 슈퍼볼 광고비가 상승하는 만큼 기업에서는 광고 효과를 어떻게 얻는가이다. 2017년 이후로 기업의 사회적 책임(CSR)이 광고의 화두로 떠올랐다. 나눔 마케팅이 슈퍼볼에서 효과를 얻기 위해서는 식상한 스토리로 소비자의 마음을 녹이려고 해서는 안 된다. 기업의 사회 및 공익적 책임은 당연한 것이다. 이 당연한 기업의 나아갈 길을 과대광고로 덧붙이고자 하는 광고는 오히려 역효과를 낸다. 슈퍼볼에서 최대의 광고 효과를 내기 위해서는 평상시에 기업 이미지를 잘 관리하고, 슈퍼볼 광고에서 축적된 기업의 이미지를 널리 알려야 한다.

09 스포츠 놀이터의 탄생

지난 주말 스타필드에 다녀왔다. 이곳에 올 때 마다 항상 놀라는 것은 대형 쇼핑몰 안에 자리 잡은 스포츠와 놀이를 결합 시킨 공간 때문이다. 쇼핑센터 안의 '스포츠 몬스터'는 야구, 농구, 풋살 등의 스포츠 외에도 다양한 VR 라이드를 경험할 수 있는 놀이 공간이다. 이는 쇼핑몰의 진화라고도 볼 수 있고 스포츠의 영역이 일상 놀이로 확장되는 것일 수도 있다.

과거 생활 체육의 장소는 운동장이나 실내 체육관이었다. 참여할 수 있는 종목도 축구, 농구, 배구, 테니스, 배드민턴, 풋살,

휘트니스 등으로 한정적이었다. 이와 같은 생활체육 종목을 참여하기 위해서는 기본적으로 운동을 위한 시설과 장비가 갖추어져야 한다. '스포츠 몬스터'와 같은 공간은 스포츠를 좀 더 친숙하게 접할 수 있는 스포츠 엔터테인먼트 시설이다. 이 공간을 운영하는 스포츠 몬스터 홍성욱 대표는 참여자를 통해 정확한 자료를 산출하고 이를 통해 패션 산업에도 기여하고, 스포츠 참여의 문턱을 낮추는데 기여하고 싶다며 이렇게 말한다.

"디바이스를 손목에 차면 운동량이나 심박 수가 측정 되는 경우가 많다. 그런데 측정 수치가 부정확하고, 데이터도 획일적이고 활용할 수 없는 게 많다. 우리는 명확한 목적에 부합하는 데이터를 수집 하려고 노력한다. 예를 들어 놀이기구용 안전벨트와 헬멧을 통해 20대 여성의 허벅지와 머리 사이즈 등의 통계를 패션업계 제공할 수 있다. 30명이 똑같이 줄넘기 100개를 해도 숨도 안 차는 아이가 있고, 죽을 만큼 힘든 아이도 있다. 개인별로 필요한 운동량을 제시한다면 수준별 체육 수업이 가능하고, 엄살 피우지 말라고 윽박지를 게 아니라 격려하고 칭찬해 줄 수 있다."[70]

70 정영재(2017.10.2.). 스포츠 & CEO(5) 홍성욱 스포츠몬스터 대표 '세상에 없는 스포츠 놀이터' 대박났다. 중앙일보.

스포츠 몬스터와 같은 스포츠 놀이터가 성공하기 위해서는 두 가지를 고려해야한다.

첫째, 안전을 항시 신경 써야 한다. 스포츠 몬스터의 안전 장비는 잘 갖추어져 있다. 이곳을 이용하는 사람들의 대다수는 청년층 이상이다. 우리 사회의 청년층들은 운동을 많이 하지 않는다. 주말에 연인과 놀러와서 운동하는 사람들은 부상에 노출되기 쉽다. 관리자는 이용자가 갑자기 운동해서 생기는 근육 파열이나 경미한 관절 손상 등을 예방하기 위해서 신경을 써야 한다. 장비의 안전과 더불어 운동 참여자의 잠재적인 신체 손상 여부도 꼼꼼히 확인해야 된다.

둘째, 주말 시간대의 참여자 만족도를 향상시키는 프로그램이 도입 및 개발되어야 한다. 성인이 23,000원이라는 적잖은 입장료를 내고 원하는 활동을 충분히 하지 못하면 다음 '재방문' 의사는 줄어든다. 좋은 시설을 갖춘 것과 별도로 소비자 만족 프로그램 구성은 신중해야 한다. 우선적으로 시간대별 참여자 계층을 파악하고 현 시설에서 재미있게 참여할 수 있는 프로그램을 개발해서 적용해야 한다.

호이징아는 문화는 놀이를 통하여 잉태한다고 하였다. 놀이의 중요한 특성은 '자유감'이다. 자유로운 행동을 통하여 스스로가 즐겁고 행복해진다. 이러한 심리 상태에서 인간은 창의적으로 바뀐다. 자유감과 더불어 놀이의 중요한 내재성은 바로 '재미'이다. 재미가 있기에 시키지 않아도 놀이를 계속 한다.

한 지역의 스포츠 놀이터가 성공하기 위해서는 지역적 특색을 잘 이용하고 스토리를 만들어 소비자를 유혹해야 한다. 서바이벌 게임장, 야외 캠핑과 경기장들이 성공하기 위해서는 자신만의 특색을 갖추어야 한다. 모종린은 지역 기반의 서비스가 성공하기 위한 전략을 이렇게 말한다.

"지역 기반의 생활문화에 기술과 사업모델을 접목하는 것만으로는 부족하다. 각 지역 문화에 스토리를 보태고 브랜드를 만들면 제품이나 서비스의 부가가치를 높일 수 있다. 지역 생활문화를 해석하고 표현한 브랜드와 비즈니스모델은 기업의 수익성을 높일 뿐 아니라 지역 경제에도 이바지한다. 지역문화를 바탕으로 개발된 브랜드의 상업적 성공은 특정 지역의 생활문화를 더 매력적으로 만드는 선순환을 촉진한다. 선진국들은 지역 기반 산업을 육성할 때 주로 농업(1차 산업)에서 시작해 부가 산업(2차산업, 3차산업)으로 자연스럽게 확장시킨다. 프랑스 보르도 와인이 대표적이다. 보르도는 포도 산지에서 양조 기술을 접목해 고부가가치의 와인을 제조할 뿐 아니라 와이너리 관광을 통한 서비스 산업을 통해 활발한 시너지를 내고 있다."[71]

스포츠 놀이터도 스토리를 덧붙여야 한다. '일상생활에 지친 도시민의 오아시스'와 같은 홍보도 필요하다. 야외에서는 운동하기에 제약이 많다. 기후, 기온, 시설 등의 상황이 제약이 되기 쉽다. '스포츠 몬스터'와 같은 공간은 도시민들의 운동 욕구를 해결할 대안으로 떠오르고 있다. 이 시설이 더욱 성공하기 위해서는 좀 더 저렴한 비용이 책정되어야 한다.

71 모종린(2016.7.3.). [Weekly BIZ] 지역 라이프스타일에 스토리를 입히면 새 사업 모델 나온다. 조선비즈.

10 4차 산업 혁명은 스포츠에게 무엇인가?

처음에 생소하던 '4차 산업혁명'이라는 단어가 이제는 친숙하게 느껴진다. 4차 산업 혁명 이라는 용어는 2016년 스위스 다보스 세계경제포럼에서 소개되었다. 4차 산업혁명은 정보통신기술의 기반으로 하여 생성되는 산업 혁명 시대를 말한다. 이는 18세기 초반의 산업 혁명 이후 네 번째의 산업적 변혁이다. 빅데이터 분석, 로봇 공학, 인공지능, 사물 인터넷, 무인 운송 수단, 3차원 인쇄, 그리고 나노 기술에서의 기술 혁명을 포함하고 있다. 이는 실제 세계와 디지털 세계의 간극을 빅 데이터를 통하여 통합하고 여러 분야에 이 기술을 적용한다. 가상현실(AR)이

나 증강현실(VR)을 통해 실제 세계와 디지털 세계의 접목을 시도하기도 한다.[72]

스포츠 영역은 유독 4차 산업 혁명의 영향을 많이 받고 있다. 세 가지 정도의 변화가 감지되고 있다.

첫째, 사물인터넷과 빅데이터를 스포츠에 적용하는 사례들이 증가하고 있다. 프리미어리그의 사례로는 레스터시티가 선수들이 훈련할 때에 여러 각도에서 촬영하고 GPS가 장착된 유니폼에서 제공되는 정보들을 통하여 경기 전략을 짠 것을 들 수 있다. 독일 축구 대표 팀의 경우, 2014년 브라질 월드컵에서 우승할 때에 사물인터넷을 통한 훈련을 적용하였다. 선수들은 센서가 부착되어 유니폼을 입고 훈련을 했다. 선수들의 운동 패턴, 운동 시간, 운동량, 심박수, 혈압 등이 코치들의 모바일 PC에 저장이 되었다. 이는 자동으로 분석되어 선수와 코치들한테 전달해 주었다. 데이터 분석을 통하여 선수들은 언제 최고의 컨디션인지, 그리고 언제 최고의 실력을 내는 지에 대한 분석을 했다. 이러한 모든 자료 수집과 분석은 실제 경기에서 아주 효과적으

72 위키백과사전.

로 사용된다.[73] 야구에서는 메이저리그 LA 에인절스의 트라웃(Trout)선수가 배트 끝에 센스가 달린 스마트 배트로 훈련을 한다. 이 배트는 제프(ZEPP)사 제품으로 속도와 각도 등을 분석하고, 수집된 정보를 스마트폰에서 확인할 수 있게 제작되었다. 농구에서도 이와 같은 센서를 유니폼에 부착하여 훈련할 때에 점프, 착지시의 충격, 뛴 시간과 거리 등을 분석하여 코칭에 활용하고 있는 중이다.

둘째, 스포츠 용품 제작에 있어서 스마트 팩토리가 등장하였다. 아디다스는 2016년 9월부터 독일의 안스바흐에서 운동화 공장을 운영하기 시작했다. 1993년부터 중국과 동남아시아로 공장이 이전했다가 다시 독일로 컴백했다. 독일 공장 이전의 이유는 생산 라인에 로봇과 3D 프린터를 이용하기 때문이다. 아디다스 스마트 팩토리의 생산 속도는 기존 공장보다 약 20배 이상 빠르다. 운동화를 원하는 소비자는 스마트폰으로 주문하면 이를 픽업 가능한 매장에서 하루나 이틀 만에 만날 수 있다. 아디다스의 공장은 단 10명의 인원이 연간 50만 켤레의 운동화를

---

73 김영갑(2017). 사회트렌드와 스포츠(1): 4차 산업혁명과 스포츠.움직임의 철학: 한국체육철학회지, 25(4), 106.

생산할 수 있다. 기존 해외 공장에서 이 생산량을 내기 위해서는 약 600여명이 필요했다.[74]

셋째, 스포츠 관람에 첨단 기술이 적용되어 재미가 배가되고 있다. VR 기술은 스포츠에서 경기력을 증가시키는 훈련용으로도 사용되지만, 관중들에게 스포츠 중계방송의 재미를 더해주기도 한다. 2016년 2월 노르웨이 릴레함메르에서 열린 동계 청소년 올림픽 개회식에서 IOC와 삼성전자는 180도로 촬영 가능한 카메라 두 대를 식장에 설치하여 가상현실 중계를 선보였다. 앞으로도 올림픽에서뿐만 아니라 세계적 스포츠 이벤트에서 가상현실 중계가 도입될 단초가 마련되었다.[75]

현재의 스포츠 관중들은 기존 미디어 보다 새로운 미디어를 선호한다. 기존 유료 케이블방송을 해지하고 인터넷 TV나 SNS 미디어로 이동하는 현상을 '코드커팅'(cord cutting)이라고 한다. 세계적으로 스포츠 애호가들의 코드커팅이 가속화되고 있

---

74 김상하(2018.1.23.). 아디다스의 독일 귀환, 50만 켤레 생산 공장에 인간은 10명. 프레시안.

75 김영갑(2017). 사회트렌드와 스포츠(1): 4차 산업혁명과 스포츠. 움직임의 철학: 한국체육철학회지, 25(4), 108.

다. 이러한 흐름에 따라 ESPN 시청자는 줄어드는 대신 페이스북, 유튜브나 인스타그램 등을 통한 스포츠 관람이 증가하고 있다.[76] 4차 산업 혁명의 시대에 마케터는 소비자의 욕구를 잘 이해하고 대처하는 전략이 필요하다.

4차 산업 혁명 시대에는 스포츠의 목적을 다시 생각해야 한다. 황정현은 로봇이 인간을 대신하는 상황은 스포츠 본연의 목적과 가치를 상실한 것이라고 말한다.

"스포츠 경기의 목적이 승리에 있다면, 우리는 탁월성을 추구할 수 있는 효율적 방법을 모색하고, 이를 위한 대안을 마련하면 된다. 로봇은 탁월성 추구에 있어서 인간의 능력 보다 훨씬 더 효율적으로 움직인다. 게다가 로봇은 인간의 한계를 초월하여 월등한 기량으로 탁월성에 대한 인간의 욕구를 충족시킨다. 그러나 여기에는 감동이 없다. 선수가 흘리는 뜨거운 눈물도 없고, 기쁨의 환호도 없으며, 좌절의 고통도 없다."[77]

76 김학수(2017). 4차 산업혁명, 스포츠산업에 어떤 변화를 몰고 올 것인가. 스포츠과학, 139, 60.

77 황정현(2018). 4차 산업혁명시대의 스포츠, 그리고 인간의 감정. 움직임의 철학: 한국체육철학회지, 26(3), 16.

기술이 인간을 넘어서서는 안 된다. 우리가 개발한 기술이 인간다움을 추월할 때에 정신과 가치는 퇴색된다. 4차 산업혁명을 통한 기술의 혁신은 확실히 편리함을 주었다. 그 편리함을 담보로 스포츠다워야 하는 가치들이 묻혀 진다면 기술의 진보를 결코 환영할 수 없다. 스포츠는 로봇으로 대체할 수 없는 영혼의 단계에 이르게 한다. 9회 말 역전 홈런을 치거나, 탈진한 동료를 내팽기지 않고 함께 뛰어 마라톤 완주하는 일 등은 예측 불가능한 영역에서 일어나는 것이다. 기술은 스포츠를 포함한 우리 삶을 멋지게 하는 부수적 장치임을 잊어서는 안 된다.

11 한국 스포츠 브랜드의 나아갈 길

브랜드의 의미는 문신에서 유래되었다. 그리스 어원은 '스티그마'(stigma)로 칼이나 바늘로 찔러 자국이나 표적 내는 것을 의미한다. 기원전 5세기 헤로도토스는 《역사》에서 히스티아이오스가 아리스타고라스에게 반란을 권하는 메시지를 전달하기를 원했다고 썼다. 히스티아이오스는 충직한 종의 머리를 깎고 거기에다 메시지를 문신하고 머리가 자라자마자 그를 아리스타고라스에게 보냈다.

헤로도토스가 이야기하는 최초의 브랜드란, 은밀하게 전하는 메시지를 말하는 것이다.[78] 당시의 문신은 특정 신분을 나타내는 징표였다. 전쟁포로, 노예들은 그들을 나타내는 문신이 있었으며, 신전 사제들은 인간 세계와 다른 신의 영역에 속한다는 차이가 나는 문신을 했다. 고대에 신체에 문신을 하는 것은 정체성을 드러내는 일이었다. 고대 브랜드의 의미는 현대로 넘어오면서 고유, 정체성, 차별, 차이 등의 성질을 내포하게 된다. 김동훈은 현대 브랜드를 이해하기 위해서는 브랜드 기저의 끊임없이 생성되는 욕망을 확인하고, 이를 인문학이라는 잣대로 재어볼 것을 권한다.

"언젠가부터 사람들은 꼭 '필요'라기보다는 '욕망' 때문에 특정 상품을 사 왔다. 욕망은 결여된 것을 소유하려는 어떤 운동이다. 하지만 브랜드를 향한 욕망의 문제는 단순하지 않다. 욕망의 복잡성은 점묘화의 무수한 점들과 같아서 그것 자체로는 도무지 무엇인지 가름되지 않지만, 브랜드의 바탕에 깔린 욕망의 생성과 이동을 모아 멀찌감치 떨어져서 보거나(범주화하거나) 다른 차원(인문학)으로 볼 때 표면에 떠오르는 자태가 있다."[79]

78 김동훈(2018). 브랜드 인문학. 서울: 민음사. pp.6-7.

79 김동훈(2018). 브랜드 인문학. 서울: 민음사. pp.8.

브랜드를 이해하기 위해서는 욕망의 움직임에 관심을 갖고 인간의 삶에 대하여 주목해야 한다. 현대 브랜드는 어떤 회사나 제품을 상징화하는 기표이자 기의이다. 그 브랜드의 표시를 보고 소비자는 특정의 이미지를 떠올린다. 나이키의 스우쉬 로고는 승리를 상징하는 표적이다.

기업들은 브랜드를 만드는 데에 신중해야 한다. 모든 브랜드가 성공할 수는 없다. 특히 스포츠 브랜드는 기업, 제품과 타깃 소비자와의 연관성을 잘 매치해야 한다. 과거에 우리 곁에 있다가 사라진 스포츠 브랜드들이 상당히 많다. 스포츠 용품이나 의류 회사들이 성공적으로 브랜드를 론칭하기 위해서는 철저한 계획과 전략이 필요하다. 만약 계획이 틀렸다면 과감하게 노선을 바꾸어야 한다. 대니얼 카너먼은 매몰 비용 오류는 심각한 손해를 야기한다고 했다. 야구를 좋아하는 사람이 티켓을 구입했다는 이유로 눈보라를 헤치면서 경기장에 가는 것은 손해다. 기업들은 이미 론칭 했다는 이유로 이 브랜드를 고집해서 계속 연구비를 투자하는 것, 이미 디자인이 나왔으니까 인기가 없어도 언젠가는 인기를 얻겠다는 막연한 환상으로 밀어붙이는 것, 실패의 조짐이 보이는 데에도 계속 생산 라인을 돌리는 것은 전형적인 매몰비용의 오류에 해당한다. “내가 얼마나 많은 비용을 냈는데……”라는 생각이 회사의 발목을 잡는다.[80]

한국에서 글로벌 스포츠 브랜드가 존재하지 못하는 이유에 대하여 김도균 교수는 세 가지를 지적한다. 첫째는 스토리가 없다는 것이다. 우리가 일명 ‘글로벌 브랜드’라고 하는 브랜드들은 다양한 스토리를 갖고 있다. 필 나이트와 빌 바우만은 선수와 감독으로 인연을 맺은 후, 이들은 1964년에 나이키 전신인 ‘블루리본 스포츠’를 탄생시켰다. 나이키의 브랜드는 로고에서 소비자들에게 강렬한 인상을 주었다. 언더아머의 경우, 메릴랜드 대학의 미식축구선수 캐빈 플랭크가 땀을 많이 흘려도 옷이 몸에 잘 붙지 않는 언더웨어를 만들기 위하여 노력한 후에 창업했다. 본인의 선수 경험이 일종의 스토리로 만들어져 브랜드로 표현되었다.

둘째는 한국 브랜드는 글로벌 브랜드로 한 단계 성장할 수 있는 기회를 상실했다는 것이다. 1964년 동경올림픽 때에 미즈노와 아식스는 세계적인 브랜드로 성장했다. 1972년 뮌헨 올림픽

80 강준만(2018). 평온의 기술. 서울: 인문과 사상사. p.277.

에서는 아디다스가 세계적 브랜드로 도약했다. 우리나라는 두 번의 올림픽과 한 번의 월드컵을 성공적으로 치러 냈지만 그 가운데 토종 브랜드를 세계에 소개하는데 실패했다.

셋째는 국내 스포츠 브랜드는 마케팅에 대한 체계적인 전략이 부족 하다는 것이다. 브랜드가 성공하기 위해서는 특정 스포츠 종목을 집중적으로 지원 및 홍보하고, 세계적 스포츠스타를 광고에 잘 활용해야 한다. 아디다스는 리오넬 메시, 푸마는 우사인 볼트, 언더아머는 스테판 커리와 조던 스피스를 후원하는 것만 봐도 알 수 있다.[81]

박용후는 성공한 제품이나 서비스는 간단하고 편하고 그리고 독창적이라고 이야기한다. 브랜드는 간단하게 인식되고 타 브랜드와 차별적인 요소를 가져야 성공할 수 있다. 그의 말을 들어보자.

"성공하는 것들에는 SED로 대표되는 특징이 존재한다. SED

---

81 정영재(2016.7.9.). 정영재, 김원의 스포츠 & 비즈⑤ 왜 한국엔 글로벌 스포츠 브랜드가 없을까. 중앙일보.

란 제품이나 서비스가 가져야할 세 가지 특성, 즉 simple, easy, different이다. 제품이나 서비스는 매우 단순하고 심플할수록 사람들에게 어필하기 쉽다. 또한 사용 방법이나 적용 방법이 매우 쉬워야 한다. 그리고 다른 제품과의 차별성을 반드시 가지고 있어야 한다."[82]

한국의 스포츠 브랜드가 성공하기 위해서 어떻게 해야 하나? 장비나 의류에서 스포츠 브랜드를 만들기 전에 본질적인 질문을 던지고, 이를 브랜드에 녹여내야 한다. 전 세계인들이 좋아하는 보편적 이야기와 가치를 결합하는 노력 또한 필요하다. K-pop의 성공을 보면 어느 정도 벤치마킹할 부분이 나온다. 세계 젊은이들은 그들이 좋아할 음악적 탁월성, 내용과 더불어 철학이 덧 붙여졌기 때문에 우리 아이돌에 열광한다. 스포츠 브랜드도 마찬가지이다. 나이키나 아디다스와 다른 무엇인가의 차별성을 가질 때에 세계적 스포츠 브랜드가 될 수 있다. BMW가 만약 스포츠 의류 시장에 진출한다면 어떻게 될까? 상상하는 것만으로도 즐겁다. BMW는 그들만의 명확한 철학이 있다. 다른 회사들이 범접하지 못하는 '운전의 즐거움', '스피드의 즐거움'

82 박용후(2013). 관점을 디자인 하라. 서울: 프롬북스. p. 245.

을 스포츠 의류나 장비에 녹아낼 것이다. 우리 스포츠 브랜드가 성공하기 위해서는 독특한 제품 철학이 담긴 브랜드를 만들어야 한다. 인문학적 성찰을 바탕으로 한 브랜드를 만들 때에 세계 시장에서 경쟁력 있는 스포츠 브랜드로 우뚝 설 수 있다.

"인문학적 성찰을 바탕으로 한 브랜드를 만들 때에
세계 시장에서 경쟁력 있는 스포츠 브랜드로
우뚝 설 수 있다."

東京
未来
“切って貼る”
THE ORIGIN
原点
手塚治虫
人間の未来
300

PART
03 스포츠와 건강

01 운동은 체질을 바꾼다

현대 사회는 음식에 대한 과도한 욕망을 안고 사는 사회이다. 식욕은 인간의 가장 원초적 욕구이자 항상 샘솟는 욕망이다. 우리의 식욕을 가장 자극하는 매체는 바로 미디어이다. 미디어는 끊임없이 맛있는 음식을 광고하고 우리에게 유혹의 손길을 보낸다.

나는 항상 미디어의 유혹에 넘어가는 패배자이다. 아니 패배할 수밖에 없는 전쟁을 치루고 있는 고루(固陋)한 병사이다. 라캉에 따르면, 우리의 음식에 대한 선택이 과거 어느 때 보다 높아졌지만 행복해지지 않았다고 한다. 그는 그 이유를 '주이상스'에서 들었다. 주이상스는 생물학적, 혹은 성적 욕구 충족에서 "고통스러운 쾌락"을 말한다. 라캉 철학의 핵심인 주이상스는 불안을 수반한다. 라캉 철학을 차용해보면, 지금 불고기를 먹고 싶어 하는 강한 욕망의 전제는 '금지'와 '억제'이다. 언젠가 나의 욕구가 금지되었기에 지금 욕망으로 표출된다. 누군가는 과거 살이 쪄서, 혹은 경제적 사정으로 부모님에 의해 불고기에 대한 욕구가 차단되고 말았다. 라캉은 이 차단된 욕구가 지금 욕망으로 연결된다고 하였다. 욕망은 실제 맛있게 먹으면서 충족된다. 욕망과 실제 먹는 행위가 만날 때에 우리의 몸과 영혼이 건강해진다. 미셸 퓌에슈는 식사는 몸과 마음에 긍정적 영향을 미친다고 말한다.

"음식이 몸을 만든다. 그러므로 부족하거나 너무 과한 식사량, 즉 균형이 잡히지 않은 식사는 곧바로 건강에 문제로 이어진다. 우리는 식사를 통해 단지 몸만이 아니라 마음까지 빚는다. 먹는다는 것은 믿을 수 없을 정도로 심신 통합적인 일이다. 음식은 신체적 측면과 심리적 측면 모두에 영향을 끼친다. 식사를 하고 난 후 우리가 느끼는 특수한 만족감은 순전히 육체적인 만족감이지만 동시에 온전히 마음의 행복이기도 하다. 그래서 우리는 다른 사람들을 상대할 만큼 좋은 기분 된다. 사업장의 식사에서라면 바로 이때가 계약서를 꺼내 서명을 받기 좋은 때이고, 집에서도 이런 때가 성적표나 카드대금 명세서를 내놓기에 적절한 시점이다."[83]

비만은 현대인의 삶을 위협하는 중요 질병으로 등극하였다. 들뢰즈와 가타리식으로 표현하면, 비만은 몸이 '지층화'된 것이다. 그들은 '지층'이라는 용어를 만물에 사용한다. 지층화가 발생하기 위해서는 기본적으로 '영토'와 '코드'가 작동한다. 영토는 어떠한 운동이 발생하는 터전이다. 코드는 운동들이 서로 접촉하고 연결되는 방식이다. 코드가 계속해서 작동하면 몸이라는 영토가 만들어지고, 이 몸 안에서는 코드가 다시 활발히 움직인다. 들뢰즈와 가타리는 만물의 고정적 지층화란 존재하지 않는다고 강조한다. 한번 지층화가 일어나면 탈지층화 운동이 일어나서 다양한 변이가 수반된다. 비만과 다이어트는 지층화와 탈지층화의 연속선상에서 우리 몸을 만든다. 고기를 즐겨먹는 사람은 고기라는 영토가 그의 몸 안에서 탈영토화 되고 섭취된

83 미셸 퓌에슈(2013). 먹다(심영아 역). 파주: 이봄. p.25.

다. 그 사람은 1년에 한번 받는 건강 검진에서 고지혈증과 동맥경화라는 진단을 받을 수 있다. 이후 그는 매일 1시간씩 운동장을 걷고 식이요법을 통해 몸의 탈영토화를 시도한다. 들뢰즈와 가타리는 비만이란 영토의 변화와 코드의 운동으로 인한 산물이라 본다.[84]

비만은 전 세계적으로 중요 문제로 등장하였다. 선진국에서는 갈수록 비만 인구가 증가하고 있다. 많은 나라에서 소아 때부터 비만 문제가 나타나고 있다. 비만을 방지 할 수 있는 좋은 방법은 꾸준한 운동이다. 운동을 해본 사람들은 안다. 운동으로 살을 빼는 것이 얼마나 힘든 일인지를! 음식 조절은 당연하고 운동으로 비만을 퇴치하기 위해서는 '의지'가 필요하다. 의지가 결여되어 하는 운동은 오래할 수 없다. 텍사스 의대 그레이스 리우 박사팀은 1,100명이 참여한 연구에서 비만하더라도 꾸준히 운동하는 사람이 당뇨병과 심장병을 예방할 수 있다는 결과를 냈다.[85] 연구 집단은 체질량 지수가 30이상인 비만한 사람들을 대상으로 최대산소섭취량수치(Vo2 max)를 기준으로 규칙적 운

84 질 들뢰즈, 펠릭스 가타리(2001). 천개의 고원(김재인 역). 서울: 새물결.

85 홍예지(2018.11.27.). 운동 해도 살 안빠져? 그래도 계속해야 하는 이유. 파이낸셜뉴스.

동을 하는 건강한 집단과 뚱뚱하고 체력도 떨어지는 두 집단으로 나누었다. 이들의 휴식기 맥박수, 체지방 감소정도, 근육량 증가, 심장 기능 등을 측정하였다. 비만하지만 규칙적으로 운동을 하는 집단은 다른 집단에 비해 맥박수가 44% 낮았으며, 심장 기능이 37% 좋았으며, 체지방도 43%가 적었다. 이 연구 결과가 말하는 것은 살이 쪄서 운동을 시작했지만 살이 잘 안 빠진다고 실망하지 말라는 것이다. 비만한 사람이 꾸준하게 운동하는 일은 전체적인 건강 유지 및 질병 예방을 가능하게 해준다.

스포츠는 즐겁게 살을 빼게 해주는 '놀이터'이다. 그 시공간 속으로의 기투(企投)된 현존재는 거기에서 재미를 얻는다. 재미가 동반된 스포츠 활동은 지속 가능하다. 운동이 비만 퇴치에 영향을 미치는 이유는 운동이 수행하는 다음의 변화 때문이다. 첫째, 운동은 사람을 바꾼다. 10년 이상 매일 휘트니스 센터에 다니는 지인이 있다. 그는 매일 6시에 기상하여 명상을 한 후에 휘트니스 센터에 나와 하루를 시작한다. 나는 그에게서 범상치 않은 면모를 발견하였다. 그를 평범하지 않은 사람으로 바꾼 것은 오랫 동안의 운동이다. 다음은 박종하의 〈세바시〉(74회) 강연에 나온 이야기이다.

남편 : 부인 "운동을 해서는 절대 살을 뺄 순 없습니다."

부인 : "아니에요. 운동을 해야 살이 빠지죠."

하루 종일 계산 한 내용을 부인에게 보여줬다.

부인은 그 결과를 보더니 말한다.

부인 : "운동을 하면서 살을 빼는 건 단순히 칼로리를 소비 하는 게(활동량으로 칼로리를 소비)아니라, 운동을 하면 사람의 체질이 바뀝니다. 기초 대사량이 적었던 사람은 기초 대사량이 늘어나 체질이 변해서 사람이 살이 빠집니다."

위의 대화에서처럼, 중요한 것은 '체질'이 바뀐다는 사실이다. 운동은 사람의 기질을 바꾼다. 들뢰즈와 가타리가 말한, 몸이 탈영토화와 탈코드화를 통해 탈지층화되는 것이다. 이 탈지층화되기 위해서는 끊임없이 걷고, 뛰고, 던지고, 주고, 받는 행위가 이루어져야 한다.

둘째, 운동은 어느 순간부터 '자의식'을 바꾸게 한다. 운동은 내 삶의 목적을 바꾸고 가치관을 변화한다. 야구동호회에서 매주 주말 운동하는 사람은 나 말고도 타자의 삶에 신경을 쓴다. 나도 중요하지만 타자도 그 만큼 중요하다는 것을 야구를 통해 배운다. 나만 잘해서 팀이 좋은 성적을 얻는 것이 아니라, '함께' 잘 하는 것에 대해 생각하게 된다.

운동을 잘 하기 위해서는 함께 운동할 수 있는 동료 집단이 있어야 한다. 나는 사실 의지가 약하다. 내가 좋아하는 휘트니스 센터에서 2시간 동안 운동이 가능한 이유는 매일 만나는 '운동 도반' 때문이다. 나태와 결별하기 위해서는 남들과 같이 하는 지혜도 필요하다. 좋은 사람들과 함께 여가 활동을 하면 행복감을 느끼기 쉽다.

"우리가 발견한 사실은 행복한 사람들은 '좋은 사람과 보내는 시간'을 자신의 카트에 집중적으로 쓸어 담지만, 행복하지 않은 사람은 '금전적 이득'을 주로 담는다는 것이었다. 한마디로 행복한 사람들은 친밀한 사람들이 주는 위로를, 행복감이 낮은 사람들은 돈이 주는 위로를 찾았다. 행복함이 낮은 사람들은 친구와의 저녁 식사 보다는 길에서 우연히 돈을 줍는 것을 선호했다. 금전적인 이득으로 스트레스를 해결하는 것은 마치 술로 쓰린 배를 다시 술로 달래려는 것과 같다."[86]

86 최인철(2018). 굿라이프. 파주: 21세기북스. p.110.

체험 스포츠는 나를 자주 '열락'(悅樂)의 도가니에 빠지게 한다. 나는 운동 중 무아지경에 자주 빠진다. 골프 라운딩 중에, 배드민턴 중에, 런닝 중에, 휘트니스에서 운동하는 중에 '무언'의 세계로 빠져 들어간다. 그 세계를 맛보면 매일 운동을 하게 된다. 그리고 이런 말이 자동적으로 튀어나온다.

"쉘 위 워크 아웃?"(shall we work out?)

02 암 예방, 운동 그리고 니체의 운명애

어떤 사람도 죽음을 피해갈 수 없다. 우리는 죽음 앞에서 필멸(必滅)의 존재이다. 죽음을 피할 수 없다 해도 이에 대하여 너무 걱정할 필요는 없다. 죽음을 과도하게 걱정하는 사람은 어리석은 자이다. 죽음은 현실의 강 건너에 존재한다. 진정한 현자는 지금 병중에 있다고 해도 다가오는 죽음을 그렇게 무서워하지 않는다. 오히려 현재를 충실하게 즐기며 살고자 한다. 시인은 조르바의 삶과 죽음의 일치성 철학에 대하여 이렇게 말한다.

"누구나 죽음은 불확정적이다. 어떤 사람은 일찍 죽고, 또 어떤 사람은 늦게 죽는다. 어느 시기에 죽느냐 보다 더 중요한 것은 죽음을 맞이하는 법을 배우는 것이다. 죽음은 삶의 실패나 결핍이 아니라 완성이다. 잘 산다는 것과 잘 죽는다는 것은 하나다. 죽음을 축제로 만드는 것이야말로 삶의 완성이다. 무엇보다도 자유정신을 갖고 살 것, 사는 동안 웃음과 춤을 배울 것! 삶을 긍정 한다면 죽음이라는 아름다운 축제에 대해서 더 많이 배울 것!"[87]

내가 죽음을 가까이 느낀 적은 아버지의 암 투병에서 이었다. 5년간의 투병 생활을 하셨던 아버지가 소천하시는 모습을 지켜보면서 죽음이 무엇인지에 대하여 깊이 생각할 수 있었다. 죽음 자체가 문제가 아니라 죽음에 대한 '공포'가 사람의 의식을 잡아 당긴다. 죽음이 가까이 있더라도 현재를 충실하게 살면 현재의 '체감 길이'는 늘어난다.

현대인의 수명이 많이 늘었다고 하지만 주변에서 여러 질병으로 고통 받는 이들은 아직도 많다. 그 중에서 암으로부터 힘들어 하는 사람들이 꽤 많다. 우리나라에서 암은 질병으로 인한 사망률에서 항시 수위를 차지하고 있다. 암이 이렇듯 증가하는 이유

87 장석주(2018). 태양은 아침에 뜨는 별이다. 서울: 현암사. p.191.

는 다양하다. 스트레스, 식생활, 유병 환경, 직업, 유전, 공해 등 다양한 인자들이 영향을 미친다. 여러 가지 원인으로 인하여 암이 우리 곁에 오지만 이를 예방하는 좋은 방법은 운동이다.

2016년 세계보건기구는 한국 성인은 건강 문제에 크게 노출될 수 있다는 보고를 내었다. 그 이유는 한국 성인의 3명 중 1명은 운동부족이기 때문이다. 한국의 운동 부족 성인은 전체적으로 35.4% 이다. 이는 세계 평균인 27.5% 보다도 훨씬 높다. 운동 부족을 표시하는 근거로 세계보건기구는 일주일에 150분의 운동, 또는 75분의 격렬한 운동 여부를 들었다. 한국 성인 남녀의 운동 부족 현황을 구체적으로 살펴보면, 남성은 29.5%, 여성은 41%가 운동 부족으로 나타났다. 이 수치는 아직까지도 우리나라 성인들은 운동하고 친하지는 않다는 것을 나타내는 것이다.[88]

운동은 암 예방에 긍정적 매체라는 점이 속속 제시되고 있다. 미국내과학회지(JAVA Internal Medicine)에 따르면, 운동은 암 예방에 혁신적 활동이라고 하였다. 140여만 명의 11년간의

88 SBS 뉴스(2018.9.5.). WHO "한국 성인 3명 중 1명 운동부족… 여성이 더 심각"

추적 조사에서 휴식 시간 동안의 운동은 암 발병률을 크게 낮추는 것이 제시되었다. 운동은 식도암은 42%, 간암은 27%, 폐암은 26%, 신장암은 23%, 그리고 대장암은 16%의 발병률을 낮춘다.[89] 운동을 생활화한다는 것은 암과의 싸움을 대비하는 무기를 갖는 것이다.

암 예방을 위해서 어떻게 운동을 해야 하나? 첫째, 자신이 좋아하는 운동을 지속 가능하게 할 수 있는 환경을 만들어야 한다. 무엇보다 내가 좋아하는 운동이 무엇인지를 인지하는 일이 선행되어야 한다. 매주 꾸준하게 운동을 하기 위해서 어떻게 운동할지에 대하여 고민해야 한다. 운동을 꾸준히 하는 방법 중 하나는 '제약'을 없애는 것이다. 꾸준하게 운동하는데 방해되는 요인이 무엇이지를 먼저 파악해야 한다. 시간이 없다면 언제 자유시간이 생기는지를, 같이 운동할 사람이 없다면 함께 할 사람을 만들고, 금전이 부족하다면 돈이 안 들면서 운동할 수 있는 방법을 고안해야 한다. 이렇듯 제약을 해소하는 일이 운동을 지속 가능하게 참여하게 한다.

89 코미디 닷컴(2018.8.19.). 운동하면 식도암 42% 낮춰... 간암, 폐암, 대장암은?.

둘째, 무조건 즐겁게 운동해야 한다. 즐거울 때에 운동 효과가 배가된다. 가고 싶은 휘트니스 센터를 다니고, 운동하고 싶은 사람과 함께하고, 운동 자체가 목적이 되어야 한다. 운동은 노동과 다른 경험을 선사한다. 운동이 수단이 되지 않고 내 행복을 위한 자발적인 행위여야 한다. 즐겁게 운동하는 사람들은 운동하러 갈 때에 발걸음 자체가 틀리다.

니체 철학의 핵심인 '영원 회귀'는 생이 지속적으로 반복되는 것을 말한다. 이번에 사는 삶의 여정이 만 년후에, 아닌 십만 년 후의 다음 생에도 똑같이 반복된다는 것이다. 내 생은 이번에도 과거와 똑같은 길을 간다. 니체에 따르면, 인생을 잘 살기 위해서는 현재의 선택이 중요하다고 했다. 생은 반복되지만 지금을 살고 있는 나는 현재 선택의 상황에서 과거 결과를 전혀 알 수 없다. 이 상황을 선택하는 기준은 '최선'이다. 내가 현명하지 못한 선택을 하거나, 이 상황을 거부하면 만년 후의 반복되는 생에서도 마찬가지로 도망가는 선택을 하는 것이다. 니체는 몸이 아프거나, 마음이 상처를 받았을 때 마다 나에게 충고를 한다. 현재 삶은 영겁을 걸쳐 다시 반복된다고. 아니, 과거의 삶이 그대로 투영된 것이라고. 지금을 피하지 말아라. 당당하게 맞서라.

아프다고 도망가지 말아라. 현재를 당당하게 맞서는 사람이 니체가 강조하는 '운명애'(아모르 파티)를 실천하는 자이다. 운명애는 관념으로 존재하는 것이 아닌, 실천하는 자만의 것이다.

"운명애란 나를 덮치는 일과 내가 일으킨 일 사이의 간극이 몹시 작다는 사실을 깨닫는 것에서 시작한다. 나를 덮친(듯이 보이는) 일이라도 어떤 방식으로든 내가 관련되어 있고, 내가 일으킨(듯이 보이는) 일이라도 그 밖의 무수한 요인과 관련되어 있다. 이 뿐이 아니다. 운명애란 실천의 문제이기도 하다. 즉, 사태의 진짜 원인을 전혀 모를 경우, 위와 같이 인식함과 동시에 내가 한 모든 행동에서 나를 제외한 다른 원인이나 미지의 원인을 늘어놓으며 책임을 회피하지 말고 그 일을 내가 스스로 의지했다고(일으켰다고) 생각하라는 것이다."[90]

암을 비롯한 모든 질병을 예방하기 위해서 니체의 충고를 따라 하루하루를 즐겁게 운동하며 살아야 한다. 장석주는 니체의 삶 철학을 이렇게 말한다.

90 나카지마 요시미치(2016). 니체의 인간학(이지수 역). 파주: 다산지식하우스. p.109.

"니체는 죽음을 어떻게 생각했을까? 니체는 살아있음을 기뻐하고 생을 사랑한 사람이다. 그는 생명을 쇠잔으로 이끄는 모든 것을 거부하고 삶을 긍정하며 '매사에, 큰 일에서나 작은 일에서나, 언젠가 때가 되면 나는 단지 긍정하는 자가 되고자 한다'라면서, 그리고 운명애, "이것이 삶이더냐? 좋다. 그렇다면 다시 한 번!"을 외치면서 생을 기꺼이 끌어안았다."[91]

우리에게 주어진 생을 멋지게 살기 위해서는 즐겁게 운동하며 지내야 한다. 나의 몸을 소중히 여기는 자는 세상에 당당히 맞설 수 있는 준비가 된 자이다.

---

91 장석주(2018). 태양은 아침에 뜨는 별이다. 서울: 현암사. p.167.

"현재를 당당하게 맞서는 사람이 니체가 강조하는

'운명애'(아모르 파티)를 실천하는 자이다."

03 운동은 우울한 상태를 벗어나게 한다

재독 철학자 한병철은 "땅에 가까워지고 싶은 욕망"으로 매일 정원 일을 시작했다 한다. 3년 동안 열심히 땅을 가꾸고 그 속에서 자신의 내면을 바라볼 수 있었으며, 대지야 말로 신의 뛰어난 창조물임을 깨닫게 된다. 정원에 머문다는 것은 무엇을 의미할까? 정원은 몸을 움직여야만 되는 노동이 절대시되는 공간이다. 나의 정원은 몸을 바쁘게 움직이고 정성을 쏟는 만큼 꽃들이 개화하고 아름다움이 유지되는 곳이다. 조금이라도 관심을 갖지 않으면 내 정원의 꽃들은 금세 흉물로 변한다. 정원에서 꽃들을 가꾸는 일은 노동이라기보다는 나를 가다듬는 여가이다. 꽃에 신경을 쓰고 정원을 가꾸는 사람은 끊임없이 자신과 대화를 시도한다. 누가 시켜서가 아닌, 나의 내면에서 우러나오는 소리에 귀를 기울인다. 한병철은 정원에서의 놀이의 가치를 이렇게 표현한다.

"꽃피는 정원에 머물면서 나는 다시 경건해졌다. 과거에 에덴동산이 있었고, 또한 미래에도 있을 것임을 믿는다. 언제나 새로 시작하고 그를 통해 모든 것을 새롭게 만드는 놀이꾼 창조주 하느님을 믿는다. 그가 창조한 인간도 함께 놀이 의무가 있다. 노동이나 성과는 놀이를 파괴한다. 이는 맹목의 번뜩이고 말없는 행동이다."[92]

정원에서의 놀이는 몸을 능동적으로 움직이게 한다. 가지를 정리하고, 비료를 주고, 낙엽을 치우고, 꽃을 다듬고, 풀을 깎고, 새 똥을 치우고, 죽은 나무들을 정리하고, 발로 땅을 밟고, 물을 주고, 바위를 치워야 한다. 이와 같은 즐거운 일들은 몸이 우선되어야 하는 행위이다. 몸을 움직이면 땅과 하늘의 기운을 느낄 수 있다. 살아가는 것은 나와 천지(天地)가 기운을 나누는 행위

92 한병철(2018). 땅의 예찬. 파주: 김영사. p.9.

이다. 천지의 에너지가 나에게 돌아와 삶을 밀어내도록 추진한다. 한병철은 이 느낌을 이렇게 전한다.

"정원에서 일하게 된 뒤로 나는 전에 몰랐던, 강하게 몸으로 느끼는 특이한 느낌을 지니게 되었다. 땅의 느낌이라고 할 만한 이것이 나를 행복하게 한다. 어쩌면 땅이란 오늘날 우리에게서 점점 멀어져가는 행복과 동의어인지 모른다. 그렇다면 땅으로 돌아가기란 행복으로 돌아가기가 된다. 땅은 행복 원천이다. 오늘날 우리는 주로 세계의 디지털화라는 행진을 하면서 땅을 떠났다. 생명을 살리고 행복하게 하는 땅의 힘을 우리는 더는 느끼지 못한다. 그 힘은 모니터 크기로 줄어들고 만다."[93]

우울증을 예방하고 감소하는데 최고는 역시나 몸을 움직이는 것이다. 몸을 움직이고 땀을 흘리면서 현재에 몰입할 때에 우울증은 저 멀리 달아난다. 우울증은 현재의 나와 이상의 나의 괴리에서 일어나는 정신적 병리현상이다. 누구나 조금씩의 우울한 감정은 갖고 산다. 문제는 우울증의 정도가 심한 경우이다. 정도가 심하면 우울증은 일상을 파괴한다. 연인과 헤어지거나, 승진

93 한병철(2018). 땅의 예찬. 파주: 김영사. p.32.

시험에 실패하거나, 열심히 훈련했는데도 성과가 나타나지 않거나, 자신의 뜻과 달리 남들이 오해하는 등에서 우울한 감정은 고조된다. 우울할 때에 좋은 방법은 밖으로 나와 걷는 것이다. 나는 타자에 지쳐 우울할 때에 일몰을 보며 걸으면 금세 우울한 상태에서 빠져나오곤 한다. 내가 느낀 일몰 보기의 즐거움을 크리스토퍼 듀드니도 나와 비슷하게 진술하였다.

"눈부신 일몰은 눈으로 보는 광시곡이다. 그것은 불멸의 웅장함을 느끼게 한다. 알프스의 풍경을 닮은 조각한 듯 한 구름, 강렬하고 충만한 색채, 늘 스스로를 뛰어넘으려는 듯 끊임없이 변하는 빛깔, 장엄한 일몰은 서서히 고조되어 간다."[94]

롤랑 바르트는 1977년 10월 25일 어머니가 사망한 다음 날부터 《애도일기》를 썼다. 일반 노트를 사등분하여 메모 형식으로 애도의 글을 적었다. 바르트는 어머니 살아생전에 정신적 안정을 어머니로부터 얻었다. 어머니가 돌아가셨을 때 이 철학자는 엄청난 우울한 감정을 경험한다. 사랑하는 존재가 부재한 공간

94 크리스토퍼 듀드니(2008). 밤으로의 여행(안진희, 채세진 역). 서울: 예원 미디어. p.40.

에는 애도, 아쉬움, 절망, 우울만이 남았다. 《애도일기》해설편에 바르트의 심정을 묘사한 글이 있다.

"바르트의 슬픔은 애도와 멜랑콜리 그 어디에도 속하지 않는다. 그건 바르트의 슬픔이 애도와 멜랑콜리와는 다른 원칙을 따르기 때문이다. 애도와 멜랑콜리는 서로 양립적이기는 해도 하나의 원칙에서 만난다. 그건 상실된 대상의 '대체'다. 애도는 다른 사랑의 대상으로, 멜랑콜리는 자기 자신으로, 상실된 사랑의 대상을 대체한다...... 사랑의 대상은 바르트에게 '대체할 수 없는' 존재다. 대체할 수 없는 사랑이 상실되었으므로 그 상실이 남긴 부재의 공간 또한 그 무엇으로도 채워질 수 없는 '패인 고랑'으로만 남는다. 하지만 패인 고랑의 부재 공간은 역설적이다. 그것은 대체할 수 없는 그 사람의 더는 거기에 존재하지 않는 절대 공백의 공간이지만, 그 절대 부재성은 그 공간이 오로지 그 사람 자신으로만 채워질 수 있고 또 채워져야 하는 공간, 그 사람이 반드시 귀환해야 하는 공간임을 역설적으로 방증하기 때문이다."[95]

---

95 롤랑 바르트(2012). 애도일기(김진영 역). 서울: 이순. p.270.

상실을 통한 부재의 공간을 가져 본 사람은 우울한 감정에 휩싸인다. 나의 경우 아버지가 투병 중에 돌아가시면서 심적으로 패인 고랑을 경험하였다. 그런 상실감이 높은 상황을 이겨낼 수 있었던 것은 '걷기'를 통해서 였다. 동네 운동장을 걸으면서 마음의 평온을 느낄 수 있었다.

나는 일주일에 4회 정도 휘트니스 센터에서 운동을 한다. 주기적 운동은 나와의 약속이다. 운동을 하면서 깨달은 점은 이를 통해 신체적으로도 건강하게 되지만 더 큰 혜택은 감정적으로 '위로'를 얻는다는 것이다. 스트레스를 많이 받거나, 정신적으로 힘들 때에 휘트니스 센터에서의 운동은 힘든 상황으로 부터 탈출하게 한다. 체험스포츠의 위안에 대하여 론 마라스코와 브라이언 셔프는 이렇게 말한다.

"할 수 있거나 흥미가 있으면 운동 경기를 직접 하는 것이 관람하는 것보다 훨씬 큰 위안이 된다. 단순한 스포츠는 몰두할 대상과 집중력만 있으면 된다. 마을의 중년 부인들이 참가하는 볼링 리그를 본 적이 있다면 그들이 볼링에 완전히 몰입하고 있음을 알 것이다. 아마 그들은 다른 생각을 할 겨를이 없을 것이다.

그런데 이게 바로 핵심이다. 마음을 한 곳에 집중하면 다른 생각이 끼어들 여지가 없고, 그래서 슬픔에 젖어 있더라도 운동경기에 참여하면 기분 좋은 위안을 얻을 수 있는 것이다."[96]

운동은 위안을 준다. 그렇게 지치고 힘들 때에 운동만큼 좋은 명약은 없다. 몸을 움직이다 보면 긍정적인 생각이 저 밑에서부터 올라온다. 그 힘으로 오늘도 당당하게 살게 된다.

96 론 마라스코, 브라이언 셔프(2012). 슬픔의 위안. 서울: 현암사. p.172.

04 권태 극복을 위하여

인간의 고뇌 대부분은 사람과의 관계에서 나온다. 타자의 존재는 사람을 자주 피로하게 만든다. '권태'는 익숙한 것을 낯선 것으로 만들지 못해서 생기는 병리 현상이다. 권태감을 극복하기 위해서는 익숙한 환경에서 끊임없이 재미를 찾을 수 있어야 한다.

레비나스의 관점을 적용해 보면, 타자와 차이를 경험하지 못하고 살면 권태를 느끼게 된다. 애인, 가족, 친구의 강권에 의하여 타자와의 차이를 느끼지 못하고 차이 없이 살다보면 권태가 발생한다. 점심시간에 중국집에서 식사를 주문할 때에 부장님이 "나는 자장면"이라고 외치면 대리와 과장들도 "나도 자장면으로"라고 외친다. 신입사원인 나의 선택은 무엇일까? "저는 삼선 볶음밥이요"라고 말할 수 없다. 당연히 자장면으로 따라간다. 이런 획일적 문화 속에서 나의 고유성을 살릴 수 없다. 권태가 발생하지 않기 위해서는 다양성을 인정하고, 레비나스의 말대로 "얼굴을 맞대고 타자의 말을 경청"해야 한다. 레비나스 철학에서 '얼굴'은 중요 개념이다.

"타자가 내 안에 있는 타자의 관념을 넘어서면서 자신을 제시하는 방식을 우리는 얼굴이라고 부른다. 이런 방식은 내 시선 아래에서 주제로 모습을 나타내는 데서 성립하지 않으며, 하나의 이미지를 형성하는 성질의 총체로 스스로를 펼치는 데서 성립하지도 않는다. 타인의 얼굴은 매번 그것이 내게 남겨 놓은 가변적 이미지를 파괴하고 그 이미지를 넘어선다. 나의 척도와 그 관념의 대상의 척도에서 받아들여진 관념을, 다시 말해 적합한 관념을 파괴하고 넘어선다."[97]

97 김도형(2018). 레비나스와 정치적인 것. 서울: 그린비. pp.24-25.

레비나스는 권태를 극복하는 방법으로 '책임의식'을 강조한다. 엊그제 쉰셋의 나이로 명예 퇴직한 남편이 결혼 직후부터 지금까지 바라는 아내상은 남편에게 무조건적으로 순종적인 아내이다. 반면, 아내는 중년기에 접어들면서 부부 관계에서 권태도 느끼고, 남편과 가정에서 동등한 위치에 있기를 원한다. 이들이 서로가 이해하며 화목하게 살기 위해 필요한 의식이 책임정신이다. 남편과 아내 모두가 서로를 동등한 타자로 인정하고자 하는 책임 정신이 절충 관계를 형성한다. 국립박물관장을 지낸 이내옥은 나이 듦이란, 내 뜻대로 되는 것이 많지 않은 것을 깨닫는 과정이라 했다.

"공자는 나이 오십에 천명을 안다고 했다. 천명이란 참으로 현학적인 개념이다. 역사학자 미야자키 이치사다는 천명을 안다는 말이 세상이 내 뜻대로 되지 않음을 깨닫는 것이라고 해석했다. 사람들은 누구나 자기 뜻대로 하고자 한다. 그러나 어느 순간 그 모든 것이 내 뜻대로 되지 않음을 절실히 깨달음으로써 세상에 대한 미련과 집착을 버릴 수 있을 것이다."[98]

98 이내옥(2018). 안목의 성장. 서울: 민음사. p.132.

나이 들면서 나의 삶도 뜻대로 되지 않는데 타자의 삶을 내게 맞도록 재단하려는 것은 과욕이다. 나이 들면서는 타인의 삶을 그대로 인정하고 더불어 함께 하는 정신이 필요하다. 어른이 어른으로 존경받기 위해서는 간섭보다는 격려를 해야 한다. 이런 가정이나 직장은 인간관계로 빚어지는 권태가 없다.

타자를 긍정적인 존재로 이해하는 좋은 방법은 함께 운동하는 것이다. 아침에 일어나 동네 호수공원을 같이 돌고, 주말에 남산 하이킹을 하면서 얼굴을 마주보고 대화를 하는 관계에서 권태란 없다. 내가 다니는 휘트니스 센터에는 점심때 마다 직장의 부서원 일곱, 여덟 명이 와서 같이 운동을 한다. 그들은 서로 운동하는 벤치 프레스의 수를 세어주거나, 턱걸이를 하는데 응원을 한다. 그들의 모습을 보면서 진정한 '펀 경영'을 생각해 보았다. 즐거운 직장 문화는 소속원들 모두를 행복하게 한다.

운동이 권태를 극복하게 만드는 비밀은 '몰입'에 있다. 몰입은 칙센트미하이 교수가 주창한 개념으로, 운동에 재미있게 빠져들게 하는 원동력이다. 이 개념은 칙센트미하이 교수가 시카고 대학교에서 박사논문을 쓸 때에 발견했다고 알려졌다. 그는 박사논문 주제로 집중하다가 어느 날 예술대학 근처를 지나가게 되었다고 한다. 그는 예술 전공학생들이 주위에 누가 있는지도 모르고 엄청나게 집중해서 조각품을 만들고 도자기를 빚는 것을 보게 되었다. 이때에 그는 "왜 저들은 아무런 보상이 주어지지 않는데도 저토록 집중할 수 있는 것인가?"라는 질문을 던지게 된다. 그 이후 집중하는 사람들의 특성들을 연구하게 되었다. 그 때 발견한 심리학적 개념이 몰입이다.

운동에 몰입할 때에는 잡생각이 나지 않는다. 사람이 권태감을 느끼는 주된 이유는 생각이 많아서이다. 반복됨에 대한 지루함, 반복됨에 대한 타인 원망, 내 삶의 자세에 대한 반성, 지루함에 대한 자기 비하 등은 권태감으로 이어진다. 운동을 하는 사람은 권태를 생각할 여유가 없다. 운동은 특정 감정의 세계로 빠져들게 하는 지름길이다. 이 세계에 들어간 자들은 이 세계의 규칙에 따라야 한다. 축구공을 쫓아가는 사람은 내 삶을 권태롭게 한 타자를 원망할 시간적 여유가 없다. 공을 쫓아가면서 그런 망상을 한다는 것은 경기를 포기하는 것과 같다.

권태감이 밀려 올 때에는 몰입할 수 있는 운동을 해야 한다.

기량이 비슷한 친구와의 테니스나 탁구 시합, 집중해야만 전진 가능한 암벽 등반 등과 같은 신체 활동에 몰입하면서 가벼운 권태감을 몰아낼수록 행복은 다가온다.

05 신노년의 행복과 운동

보에티우스는 475년경 로마의 명문 귀족 집안에서 태어났다. 490년경에 집정관이던 아버지가 돌아가신 후에는 당시 로마에서 가장 존경받는 귀족인 심마쿠스의 양자가 되었다. 후에 심마쿠스의 딸과 혼인을 하였다. 그는 아테네와 알렉산드리아에서 공부를 하며 문학, 철학, 수학, 음악 등의 다양한 학문을 접하였다. 다방면의 학문에서 탁월한 그는 테오도리쿠스 왕의 인정을 받고 510년에는 집정관으로 일하게 된다. 522년에는 왕의 비서실장으로 왕실의 권력자가 된다. 왕을 보필하는 능력이나 학문적인 깊이를 인정받아 그의 두 아들 또한 집정관이 되었다. 이후

그의 운명을 바꿀 큰 사건이 일어난다. 그 사건은 전 집정관이었으며 반역을 꾀한 알비누스를 옹호한 일이었다. 알비누스를 옹호하다 그 또한 반역혐의로 체포된다. 로마 최고의 권력자에서 하루아침에 반역자가 되어 감옥에 갇힌 그는 처형될 날을 기다리며 명저인《철학의 위안》을 쓰기 시작하였다. 그는 행복에 대한 이야기를 이 책에 많이 담았다. 보에티우스는 우리 삶 속에서 "향유할 수 있는 것은 신속하게 지나가는 찰나의 시간뿐"[99] 이라고 하였다. 그는 과거나 오지도 않은 미래에 얽매이기 보다는 현재를 충실히 보내야 행복하다고 주장하였다. 보에티우스는 나이가 들어도 행복하기 위해서는 현재를 충실히 보내라는 메시지를 우리에게 주었다.

현재에 의미를 두고 사는 사람은 안분지족하며 삶을 즐긴다. 현재, 바로 지금이 소중하기 때문에 내 앞의 아내, 애인, 아이, 친구가 중요하다. 근래에 내가 만나는 많은 중장년층들은 '지금'의 중요성을 아는 세대이다. 그들은 10년 후를 위해 희생하지도 않고 당당하게 현재의 여가를 즐기기를 원한다. 그들을 부르는 별칭은 '신노년'이다.

---

99 보에티우스(2018). 철학의 위안(박문재 역). 파주: 현대지성. p.270.

한국 사회에서 여가 소비의 중심에 '신노년층'이 있다. 이들은 '액티브 시니어'라고도 불린다. 이들은 베이비부머세대(1955년 1963년 생)로 한국의 격변시기를 다 경험하였다. 이들이 사회생활을 시작했을 때가 한국 경제의 고도 성장기 이었으며, 부모 세대와 다르게 풍요로운 생활을 맛본 세대이기도 하다. 이들은 이제 50대말에서부터 70대의 나이가 되었다.

신노년층은 한국 사회의 여가 소비를 이끌고 있다. 여가와 관련하여 이들을 'Feed족'이라고 지칭된다. F는 경제적 여유(financial), E는 손자와 손녀의 육아를 즐기며(enjoy), E는 활동적이며(energetic), 그리고 D는 헌신적(devoted)을 의미한다. 과거 퇴직한 후에 경제활동을 거의 하지 못하거나, 여가 소외 계층으로 전락되었던 사례들과는 차이를 보인다. 신노년층인 50대의 평균 자산은 4억 3천만 원으로 추산되어 한국 사회의 연령계층 중에서 가장 많은 자산을 보유하고 있다. 자산과 여가 시간이 풍부하다는 것은 여가를 향유할 수 있는 조건을 갖춘 것을 의미한다.

무라카미 하루키가 에세이 《랑게르한스 섬의 오후》에서 소개한 소확행(小確幸)이 요즘 우리 사회에서 인기가 있는 행복에 대한 단어가 되었다. "작지만 확실한 행복"이라는 뜻의 소확행은 '소소한 데에서 만족하며 살기'라는 의미로 퍼지고 있다. 최인철은 일상에서의 기분 좋게 느낄 수 있는 소소한 행위에서 소확행은 존재한다고 말한다.

"갓 구운 빵을 손으로 찢어 먹는 것, 서랍 안에 반듯하게 접어 돌돌 만 속옷이 잔뜩 쌓여 있는 것, 정결한 면 냄새가 풍기는 하얀 셔츠를 머리에서부터 뒤집었을 때의 기분, 겨울 밤 부스럭 소리를 내며 이불 속으로 들어오는 고양이의 감촉 등 소소하게 음미할 것들은 이처럼 우리의 일상 곳곳에 있다."[100]

운동이 바로 그런 것이 아닐까? 매일 새벽에 나가는 배드민턴 동호회 친구의 천진난만한 웃음, 운동 후 한잔 나눠먹는 믹스커피 향과 맛, 지난 달 미국 아들집에 다녀온 김 사장님과의 오랜만에 하는 복식 경기, 운동 후 회원들과 함께하는 곰탕 한 그릇, 운동 후 자주 가는 식당 아주머니의 진한 깍두기 맛 등이 나에게는 소확행이다.

100 최인철(2018). 굿라이프. 파주: 21세기북스. pp.132.

니체는 인간은 세 가지 단계로 정신이 바뀐다고 했다. 첫 번째는 낙타로 비유될 수 있는 정신세계이다. 낙타란 어떤 동물인가? 사막에서 주인의 의사에 따라 묵묵하게 짐이나 사람을 싣고 나르는 동물이다. 사막에서는 낙타만큼 존귀한 동물은 없다. 낙타는 주인이 시키는 일을 묵묵하게, 아니 저항 한번 못하고 한다.

두 번째는 사자로 비유되는 정신세계이다. 사자는 낙타와 다르게 자신의 주장이 강한 동물이다. 주인이 사자를 길들이기는 힘들다. 사자는 자신이 싫어하는 일은 하지 않는 주체적 동물이기 때문이다. 세 번째 정신세계는 어린이이다. 니체는 가장 높은 가치를 어린이에게서 보았다. 어린이 정신에는 천진난만한 신선함과 창의성이 있다. 어린이는 과거를 그대로 따라하는 것을 거부하고 새로움을 창조해 나가는 능동적 정신을 갖고 있다. 오십세가 넘도록 평생 노동의 세계에 묶여 있던 우리 중장년들이 여가 활동을 통하여 즐거운 인생을 향유하고 있다. 지인들 중에는 스포츠 동아리 활동을 열심히 하면서 생의 의욕을 찾는 사람들이 많다. 그들의 얼굴에서는 천진난만함이 묻어난다. 순진하고 솔직한 표정으로 여가 활동에 몰두하는 그들의 모습에서 나는 니체가 말한 어린이 정신을 보게 된다.

수명 '백세'를 살아가는 신노년층에게 운동은 삶의 보약이다. 운동을 통하여 그들은 행복의 문으로 들어갈 수 있다. 수명이 늘어났다는 것은 축복이다. 이 축복을 온전히 누리기 위해서는 건강관리를 잘 해야 한다. 여가 자금에 여유가 있는 계층이니 다양한 운동을 계획하고 비용이 발생하는 여행과 같은 여가에도 적극적으로 계획하고 즐겨야 한다.

〈도덕경〉 제 13장에는 '귀대환약신'(貴大患若身)이 나온다. 이 말은 걱정거리가 닥친 것처럼 평상시에도 자기 몸을 잘 보존해야 한다는 뜻이다. '귀신'(貴身)이란 양생을 의미하는 것이다. 노자가 강조하는 인간 삶의 도를 추구하는 기본은 몸을 다스리는 데에 있다. 자기를 다스리지 못하는 사람은 결코 회사나 나라를 경영하지 못한다. 몸을 귀하게 여기기 위해 필요한 것이 바로 운동이다. 특히 신노년의 삶에서 운동은 행복한 삶으로 인도한다.

06 스포츠 경험과 향수

칸트는 노스탤지어가 발생하는 이유로 "어린 시절의 목가적 생활"[101]에 대한 생각 때문이라고 했다. 누구나 어린 시절을 생각하다 보면 그 시절에 대한 그리움으로 '고향병'이 생길 수도 있는데, 만약 고향으로 돌아갈 수 있으면 이 향수병은 금세 나을 수 있다고 했다. 독일 저널리스트 다니엘 레히티는 향수는 "항상 변화의 토양에서 꽃을 피운다. 다시 말해서 사람들은 정치적, 경제적, 문화적 발전으로 말미암아 고향을 떠나야 하거나 고향

101 다니엘 레티히(2016). 추억에 관한 모든 것(김종인 역). 서울: 황소자리. p.76.

이 변하고 있다는 느낌 속에서 향수에 젖는다"[102]고 하였다. 향수는 변화가 심할 때일수록 강하게 느끼게 된다. 내가 처한 위치나 업무의 변화가 빠르고 스트레스가 많을수록 사람들은 평온했던 그 시절에 대해 추억에 잠긴다.

향수는 우리를 기다리게 한다. 기다릴 수 있는 힘으로 작동한다. 기다림이라는 것은 답답하지만 한편으로 희망적이다. 그 기다림의 끝에는 원하는 사람과 만나고 좋아하는 스포츠 경기를 볼 수 있다. 2002년 월드컵 대회에서 우리나라 팀의 선전으로 8강이 확정되고 나서 다음 시합을 얼마나 기다렸는지! 하루가 그렇게 길게 느껴졌던 적이 없었다. 그 기다림의 정체성에 대하여 장석주는 이렇게 말한다.

"기다림은 낯선 일이 아니다. 우리는 애태우며, 밤새우며, 괴로워하며, 탈진한 채로 무엇인가를 기다린다. 삶의 많은 부분은 기다림으로 채워진다. 기다림은 주문(呪文)과 같이 우리를 덮치고 꼼짝 못 하게 만든다. 기다림은 자주 시간이 소실점 너머로 사라지는 일이고, 아무것도 생각하지 못하는 존재의 공회

102 다니엘 레티히(2016). 추억에 관한 모든 것(김종인 역). 서울: 황소자리. p.10.

전이다."[103]

존재가 '공회전'되는 느낌은 사모하는 아이돌 그룹의 공연을 보기 위해 밤새 줄을 서는 팬들, 나처럼 한일전 축구 국가 대항전을 손꼽아 기다리는 사람들, 프랑스로 유학을 홀연히 떠났다가 귀국하는 애인을 기다리는 순정남, 명절 때에 그리운 부모님을 보기 위하여 달력에서 하루하루를 지우는 사람들의 일상에 살아있다.

헤럴드 슈와이저는 저서《기다리는 사람은 누구나 시인이 된다》에서 현대의 기다림의 정체성에 대하여 사뮈엘 베케트의 연극 〈고도를 기다리며〉의 예를 들고 있다. 주인공 블라디미르와 에스트라공은 기다림을 통과하려고 하는 것이 아니라, 기다림 안에서 머물고 있는 존재로 표현된다. 이 연극에서 중요한 점은 '누구를'기다린다는 목적어가 생략되어 있다. 우리가 기다릴 때에는 목적어가 분명 존재한다. 한일전, 메이웨더 복싱 경기라고 하는 목적어를 주체인 '나'가 기다리는 것이다. 그들은 고도가 누구인지도 모른 채 오직 고도를 맹목적으로 기다린다. "블라디

103 장석주(2018). 슬픔을 맛본 사람만이 자두 맛을 안다. 서울: 여문책. p. 228.

미르와 에스트라공의 몸짓에서 어른거리고 있는 것이 바로 이 실체의 비어 있음과 시간의 공명이다. 그들은 기다리고 있다. 누군가는 답 없는 물음을 던질 수도 있을 것이다. 그들은 얼마나 더 고도를 기다리게 될까? 무대의 막이 내려갈 때까지? 고도가 올 때 까지? 그러나 고도가 오더라도 그들은 계속 기다릴 것만 같다."[104]

어릴 적의 스포츠 추억에 대해 몽상해본다. 그 기억을 소환하는 일은 내 영혼을 살찌우는 일이다. 가스통 바슐라르는 몽상은 단순히 쓸데없는 생각 속으로 빠지는 일이 아니라 영혼의 깊이를 더하는 숭고한 행위라고 하였다.

"상상된 세계는 몽상의 심층적인 교감을 결정한다. 그 교감의 상태는 너무도 대단하기 때문에 우리는 어떤 사람에게 관조된 세계, 다시 말해 깊은 관조로 상상된 세계의 위대함 앞에서 느끼는 마음의 열광을 고백해 보라고 요구하면서 그 마음을 탐색할 수 있다. 정신분석학자들처럼, 간접적인 탐색의 그 대가들이

---

104 해럴드 슈와이저(2018). 기다리는 사람은 누구나 시인이 된다. 파주: 돌베개. p.35.

우주-분석을 다소 실천해 본다면 영혼의 깊이로 다가갈 수 있는 새로운 열쇠를 만날 수 있을 것이다!"[105]

스포츠 경험은 향수를 불러일으키는 원천이다. 내 의식에 아로 새겨진 동대문 운동장에서의 많은 야구 명승부전, 장충 체육관에서의 복싱경기와 김일 레슬링 경기, 친구들과 했던 동네 축구 등이 과거의 특정 시점과 장소를 기억나게 한다. 스포츠 경험이 위대한 이유는 향수를 통하여 과거 몇 십 년 전의 세계로 자유자재로 넘나들게 하기 때문이다. 나는 스포츠에 대한 기억이 많은 사람이 행복하다고 믿는다. 일상은 반복의 연속이다. 자의건, 타의건 간에 반복되는 생활 속에서 버티면서 해야 되는 일들이 있다. 그 쳇바퀴 같은 반복 안에서 향수의 순간은 일상을 더욱 박차고 나가게 만든다. 중국 중산대와 영국 사우스햄프턴대는 중국에 있는 중국인과 외국인 대학생을 대상으로 향수에 대한 연구를 했다. 두 연구 집단으로 나누어 한 집단은 "자신의 삶에서 향수를 강하게 느꼈던 때를 떠올려보라"고 했다. 몇 분 후에 중국 쓰촨성 대지진으로 인해 고아가 된 아이들에 도움을 주는 자선단체를 소개하고, 이 단체에서 자원봉사를 하거나 또는

105 가스통 바슐라르(2007). 몽상의 시학(김웅권 역). 서울: 동문선. p.35.

기부금을 낼 의사가 있는 지 물었다. 다른 집단에게는 향수가 아닌, 평범한 일상을 떠올리라 하고 고아를 도울 수 있는지에 대한 같은 질문을 던졌다. 결과는 향수 기억을 떠올린 집단이 평범한 기억을 떠올린 집단보다 더 많은 시간과 돈을 기부하겠다고 밝혔다. 또한 실험실 문 밖에 놓아둔 고아를 돕는 기부함에 향수를 떠올린 집단이 훨씬 많은 기부를 한 것으로 나타났다.[106] 스포츠 경험에 대한 향수를 느낀 사람도 마찬가지이다. 그 향수를 추억하는 자는 타자를 더욱 이해하고, 내 삶의 조그마한 것에 감사하게 된다. 나는 스포츠 경험에 대한 향수를 통하여 나의 내면의 상처를 치료하고 장대하게 펼쳐진 인생이라는 여정으로 한 걸음 씩 나아갈 용기를 얻고는 한다.

---

106 여준상(2012.9.27.). [DDR] '건축학 개론' 성공 뒤엔 노스탤지어가. 동아일보.

"스포츠 경험이 위대한 이유는 향수를 통하여 과거 몇 십 년 전의 세계로 자유자재로 넘나들게 하기 때문이다."

07 뇌피로를 극복하는 법

현대의 삶은 뇌를 피로하게 한다. 스트레스는 뇌를 공격하는 주요 원인이다. 스트레스는 에피네프린과 노르에피네프린이라는 신경전달물질을 분비해서 말초혈관을 수축시켜 혈압을 상승시킨다. 이러한 상태가 지속되면 뇌의 피로가 가중된다. 정신과 전문의 정형태는 뇌피로의 위험성을 이렇게 말한다. "뇌는 크게 감정 본능을 담당하는 변연계와 의지 판단 등 이성을 주관하는 대뇌피질로 나뉜다. 변연계와 대뇌피질이 조화를 이루지 못하면 뇌의 가장 안쪽에 있는 시상하부에 서서히 부하가 걸린다. 시상하부는 우리 몸의 혈압, 호르몬, 체온 맥박의 조절 등 생명과 직결된 일을 담당하는데 이런 기능이 서서히 저하되는 것이 뇌 피로이다. 시상하부 기능이 떨어지는 속도는 느리기 때문에 증상이 겉으로 드러나지 않는다."[107] 스트레스로 인한 시상하부 기능 저하는 우리를 더욱 피곤하게 만든다.

뇌 피로를 예방하는 최적의 방법은 몸을 잘 사용하는 것이다. 근래 서구 사회에서는 뇌 피로를 예방하는 방법으로 명상이 인기이다. 명상은 앉아서 자신을 돌아보는 행위이다. 가부좌 또는 반가부좌를 틀고 머릿속의 생각을 비워내는 작업이 명상이다. 이러한 좌정하는 일은 세속에서 잠시 떠나는 일이기도 하다. 배철현은 오늘이라는 '순간'을 최고로 보내기 위해서 좌정을 권한다.

"오늘이라는 순간을 영원으로 만들기 위한 의례가 있다. 바로 '좌정'(坐定)이다. 좌정은 자신이 정한 장소에 가부좌를 틀고 앉아 가만히 눈을 감는 행위다. 좌정은 나를 매일 조금씩 변화시켜 내가 가고자하는 목적지로 나를 인도한다. 유대인들은 이 순간을 포착하기 위해 일주일에 하루를 구별해 특별한 일을 한다. 인

---

107 석현주(2014.9.16.). [뇌 피로증후군] 뇌의 피로 해소에는 '게으름'도 좋은 방법. 경상일보.

생의 칠분에 일을 이것을 위해 온전히 바치는 것이다. 그들은 그것을 '사바스'(sabbath)라고 한다."[108]

몸을 잘 써서 뇌가 부담을 갖지 않게 해야 뇌피로가 생기지 않는다. 오감에 신선한 자극을 계속 주어야 시상하부의 기능이 좋아진다. 하루 종일 컴퓨터 모니터만 보고 있거나 상사의 눈치를 보고 일하는 사람에게 가장 필요한 것은 퇴근길에 바깥을 신나게 걷거나 운동을 하는 일이다.[109] 운동을 하면서 노을도 구경하고 바람 소리를 즐겨보고 호흡도 느껴본다. 이 때에 뇌 피로를 물리칠 수 있다.

운동은 특히 뇌 기능 향상에 많은 도움을 준다. 특히 기억력을 좋게 하기 위해서는 운동을 꾸준히 해야 한다. 기억은 뇌에 남은 과거 일이나 경험에 대한 뉴런의 흔적이다. 이는 부호화, 응고화, 인출화의 단계를 거쳐 절차 기억, 지각 기억, 의미 기억과 일화적 기억으로 나뉘어져 뇌에 보관이 된다. 기억은 뇌의 해마와 편도체에 저장된다. 해마는 바다 동물 해마와 유사하게 생겨

108 배철현(2018). 수련. 파주: 21세기북스. p.39.

109 한희준(2013.11.27.). 피로 느끼는 진짜 이유 '뇌'에 있다. 헬스 조선.

서 붙여진 이름이다. 이는 뇌의 중앙 측두엽에 있으며 우리가 경험한 것들에 대하여 저장한다. 해마는 감각적인 현상들을 다발로 만들어 저장하고 이를 통하여 기억을 만들어 낸다. 편도체는 그 모양이 아몬드처럼 생겼다. 이는 경험한 것을 감각적으로 인지하도록 한다.[110] 지속적으로 수행하는 운동은 우리의 뇌를 젊게 한다. 치매 환자는 제대로 기억을 할 수 없다. 최근 많은 연구들은 치매 예방에 운동이 최고의 예방책이라는 결과들을 내놓고 있다.

뇌 건강에 좋은 활동으로 독서와 운동을 들 수 있다. 나는 개인적으로 독서와 운동은 비슷하다고 생각한다. 독서는 별로 움직임 없이 머리로 이해하고, 운동은 움직임을 통해 신체와 머리가 이해하고자 하는 행위이다. 둘 사이의 공통점은 재미있다는 것과 상황을 내가 만들 수 있다는 점이다. 주말마다 나는 남산, 북악산, 우면산, 청계산 등지로 간단한 등산을 간다. 등산을 하면서 어떤 때에는 모르는 길이나 가보지 않은 곳을 일부러 걸어본다. 미지의 세계에서 헤매는 것은 등산의 또 다른 즐거움이다.

---

110 장석주(2018).슬픔을 맛본 사람만이 자두 맛을 안다. 서울: 여문책. pp. 235-236.

김영하는 소설을 읽는 이유에 대하여 이러한 말한다.

"우리가 소설을 읽는 진짜 이유는 무엇일까? 그것은 바로 헤매기 위해서일 것이다. 분명한 목표라는 게 실은 아무 의미도 없는 이상한 세계에서 어슬렁거리기 위해서다. 소설은 세심하게 설계된 정신의 미로다. 그것은 성으로 향하는 K의 여정과 닮았다. 저 멀리 어슴푸레 보이는 성을 향해 길을 따라 걸어가지만 우리는 쉽게 그 성에 도달하지 못한다. 대신 낯선 인물들을 만나고 어이없는 일을 겪는다. 일상에서는 느낄 수 없는 감정들을 경험하기도 하고, 한 번도 생각해 본 적이 없는 문제를 곰곰이 짚어보기도 한다."[111]

일상과 다른 "이상한 세계"에서 유유자적하게 거닐어 보기 위해서 오늘도 나는 남산 둘레길을 걷는다. 처음 만나는 마라톤 동호회 사람들과 인사를 나누기도 하고, 산책 나온 강아지와 눈인사를 하기도 한다. 전혀 예측할 수 없는, 그러면서 나에게 뜻밖의 즐거움을 주는 일들을 기대하며 등산을 한다. 낚시도 마찬가지이다. 오늘 어떤 대어를 잡을까? 하는 기대심이 충만하여 낚

111 김영하(2015). 읽다. 파주: 문학동네. p.99.

시터로 향한다. 빈손으로 귀가하여도 즐겁다. 뜻하지 않은 일들과 마주하는 것이 바로 레저 스포츠의 매력이니까.

만성적으로 피곤함을 느끼는 사람은 뇌가 피로한 경우가 많다. 운동이나 독서와 같은 행위의 기본은 자발적으로 행한다는 것이다. 누구의 강요도 받지 않고 스스로 택하고 집중해서 할 수 있어야 뇌 피로에서 벗어날 수 있다. 이시형 박사는 뇌가 휴식하기 위해서는 "누구의 방해도 받지 않고 모든 것에서부터 해방되었다"는 느낌을 갖는 것이 필요하다고 하였다.[112] 뇌 피로로 인해 힘들어 하는 사람들이 증가함에 따라 자기만의 해방감을 느낄 수 있는 여가 공간은 더욱 필요해졌다.

112 한희준(2013.11.27.). 피로 느끼는 진짜 이유 '뇌'에 있다. 헬스 조선.

08 행복의 열쇠

1940년 32세의 시몬 드 보부아르는 파리의 뒷길에서 자전거 타는 법을 배우고 있었다. 이때는 보부아르가 책을 내기 전이었고 사르트르의 친구 이상으로 아는 사람이 전혀 없을 때였다. 그녀는 자전거를 타면서 행복감을 만끽했다. 그녀는 이렇게 말했다. "자전거 타기에 대해 어떻게 생각하는지 말씀드리죠. 나는 자전거가 세상의 다른 어떤 것보다도 여성들을 많이 해방시켰다고 생각해요… 자전거는 여성에게 자유와 자립의 기분을 느끼게 합니다. 마치 자신이 독립적인 존재인 것 같은 기분이 들게 만들죠."[113] 자전거 타기는 보부아르에게 자유를 선물한 행위였다. 지금보다 훨씬 더 여성에 대한 속박이 존재할 때에 보부아르는 자전거를 타면서 자유감과 행복에 대한 철학을 전개할 수 있었다.

보부아르는 자전거를 본격적으로 타면서 집 근처만 탄 것이 아니라, 독일군이 점령한 파리의 많은 곳을 다녔다. 당시의 파리에는 독일군 트럭들이 즐비했다. 독일군 트럭 사이로 자전거를 타는 보부아르를 상상만 해도 즐겁다. 그녀의 일기에는 그녀가 전쟁 중에 물건을 잃어버린 것에 대한 아쉬움이 거의 안 나온다, 그런데 집주인이 전쟁 통에 버린 자전거에 대해서는 많은 아쉬움을 피력한다. 자전거 타는 것은 그녀를 행복의 문으로 이끄는 중요한 열쇠였기 때문이다.

어떤 이들은 행복이 무엇인지 모른다고 한다. 그러나 행복은 우리가 의식하지 못하지만 가까이에 존재하고 있다. 한자경은 행복은 내 자신 안에 이미 존재한다고 이렇게 말한다.

---

113 루스 퀴벨(2018). 사물의 약속(손성화 역). 서울: 올댓북스. p.154.

"행복은 표층에서의 비교와 경쟁을 멈추고 내 안에 있는 보물을 발견함으로써만 도달될 수 있다. 보통 사람은 자기에게 없는 돈 몇 억이 탐나고 돈 몇 억을 위해 목숨을 걸겠지만, 눈이 먼 자는 전 재산을 들여서라도 눈 뜨고 싶고, 숨이 막힌 사람은 전 재산을 들여서라도 숨 쉬고 싶을 것이다. 보물은 현재 내가 갖지 못해 새롭게 획득해야 하는 것이 아니라 내게 언제나 갖춰져 있어 내가 그 소중함을 알아차리지 못하는 것, 의식의 문턱 아래 있는 것, 내가 당연하게 여기는 기본에 속한 것이다."[114]

스포츠 경험이 행복감을 강화시켜준다는 근거는 코넬 대학의 토머스 길로비치(Tomas Gilovich) 교수팀의 연구에서 알 수 있다.[115] 그들은 경험의 중요성에 대하여 세 가지 결론을 제시하였다. 첫째, 소유물은 비교 경쟁을 일으키나, 경험은 비교가 불가능하게 한다. 우리가 가지고 있는 물건들은 타인과 비교를 하게 한다. 나는 소형차를 타고 다니는데 고등학교 때 나보다 공부를 못하던 민철이는 벤츠를 타고 다닐 때에 그 비교 자체가 스트레스를 불러일으킨다. 스포츠 경험은 철저하게 주관적 산물이다.

---

114 한자경(2018). 마음은 이미 마음을 알고 있다. 파주: 김영사. p. 111.

115 최인철(2018). 굿라이프. 파주: 21세기북스. pp.118-120.

같은 운동을 하거나, 스포츠 경기를 보더라도 느끼는 점은 다 다르다. 실제 코리안 시리즈 경기 후에 친구들과 이야기를 나누면 서로가 웃었던 포인트가 다르다는 것을 알 수 있다. 둘째, 경험은 '내가 누구인지?'를 알 게 한다. 내가 소유한 물건은 나의 정체성을 드러내기 힘들다. 내가 한 경험만큼 나는 세계를 인지하게 된다. 나는 지난해 안식년 동안 북유럽에서 몇 주를 체류했다. 말로만 듣던 북유럽의 사우나 문화, 순록 스테이크, 연어 스프 등을 먹어보고 그들의 문화에 다가가면서 북유럽 특유의 생활상을 이해할 수 있었다. 내가 그 경험을 하지 못했다면 나는 책에서 배운 북유럽 밖에 몰랐을 것이다. 그러한 경험은 나의 북유럽인들에 대한 이해심을 높여주었다. 셋째, 경험은 이야기할 스토리를 제공한다. 나의 바르셀로나 캄프누 구장이나 양키스 스타디움을 구경한 경험은 축구나 야구 이야기를 할 때에 빼놓지 않고 등장하는 이야깃거리이다. 행복은 이야기에서부터 시작한다. 나의 스포츠와 관련된 경험은 많은 이야기를 만들어 내고 그 이야기를 하는 가운데에 나는 큰 즐거움을 느낀다.

영화 〈죽은 시인의 사회〉에서의 키팅 선생님은 보딩 스쿨 학생들에게 "현재를 잡아라"라는 뜻의 '카르페 디엠'을 강조한다.

현재를 중심으로 사는 사람은 행복하다. 과거나 오지도 않은 미래를 위해서 현재를 희생하는 것만큼 어리석은 일도 없다. 현재를 충분하게 즐길 때에 행복으로 다가갈 수 있다. 현재 바쁘다고 운동을 등한시하는 일도 어리석은 일이다. 운동은 가장 빠르게 행복감을 전해줄 수 있다. 한강 둔치를 30분만 뛰면 생각이 많은 나의 머릿속은 금세 비워진다. 행복에 들어가는 열쇠는 여러 개가 있다. 어떤 이에게는 돈, 일, 차, 친구, 가족 등이겠지만, 나에게는 혼자 하는 운동이다. 아침에 집 근처 한강 둔치를 걸으면 소확행의 기쁨을 느낄 수 있다. 봄바람을 맞으며 찰랑 거리는 강의 작은 물결을 감상하고, 하늘의 조각구름도 구경하고 개나리, 진달래의 개화 현상을 즐기는 일이 행복이 아니라면 어디서 행복을 느낄 수 있을까. 현재의 모든 것을 만족하고 좋아하는 운동을 하면서 주변에 대하여 오감을 열고 바라볼 때에 행복은 우리 곁으로 찾아온다.

09 회복탄력성을 높여라

회복탄력성은 질병, 사고, 파산, 낙방 등의 위기 상황에 빠졌다가 이를 잘 극복하는 능력이다. 회복 탄력성이 높은 사람은 긍정적인 힘이 크다. 역경에 대응하여 이를 잘 이겨내는 힘이 회복탄력성이다. 대니얼 길버트가 행복 연구로 자주 언급하는 것은 인간은 아무리 힘든 일을 당해도 그 회복력은 상상을 초월한다는 것이다. 역으로 로또 1등에 당첨되어도 그 행복감은 세 달을 넘기지 못한다. 엄청난 사고를 당해도 한두 달이면 행복감의 수준은 그 사고 이전으로 복귀한다. 그게 바로 인간이다. 회복탄력성은 어쩌면 신이 우리에게 주는 인생풍파를 헤쳐

나가게 하는 값진 선물일지 모른다.

회복탄력성이 높은 사람들은 즉시적인 쾌락이나 만족보다는 장기적인 측면에서의 삶에 대한 의미를 추구한다. 대니얼 커너먼은 인간은 두 가지의 '자기'(self)를 갖고 있다고 했다. 현재 순간을 경험하는 '자기'가 있으며, 나중에 나의 경험에 대하여 기억하고 자기만의 의미를 부여하는 '자기'도 있다. 전자는 '경험하는 자기'(experiencing self)라고 하고, 후자는 '기억하는 자기'(remembering self)라고 한다. 회복탄력성이 높은 사람은 지금의 경험을 통하여 현재 만족하는 기분을 추구하기 보다는 삶에서의 의미와 가치에 더욱 신경을 쓴다. 현재 즐거움을 추구하거나, 현재의 고통을 회피하기 보다는 지금은 힘들더라도 견디어내는 능력이 좋은 사람들인 기억하는 자기에 신경을 쓰는 사람들이 회복탄력성이 높다.[116]

회복 탄력성이 높은 사람들은 자기만의 '리추얼'을 갖고 있다. 의미 있는 반복적인 행위를 일상생활에서 실천한다는 말이다. 힘든 일이 몰려 와도 자기만의 극복하는 리추얼이 있다. 내

116 최인철(2018). 굿라이프. 파주: 21세기북스. pp.143.

지인은 사업하면서 힘든 일을 경험하면 스스로가 '프리즈 프레임'(freeze frame)을 적용하여 힘든 상황을 슬기롭게 극복한다. 프리즈 프레임은 힘든 상황에서 머릿속 모든 생각을 정지하고 과거 즐거웠던 경험으로 머리를 채우는 것이다. 이와 같은 자기만의 리추얼이 있는 사람의 회복탄력성은 당연히 높다.

운동을 꾸준히 한 사람의 회복 탄력성도 높다. 운동을 하는 과정에 얻어진 과제 해결 능력, 인내심, 상황에 대한 해결 능력, 타인과의 관계 등을 간접 체험하게 되어 회복 탄력성이 높아진다. 힘든 상황에서 쉽게 빠져 나오기 위해서는 마음가짐을 새롭게 할 필요가 있다. 자신의 실수나 실패를 관대히 여기는 자세가 필요하다. 다미앵 클레르제-귀르노는 스스로가 완벽주의에서 벗어날 때에 즐겁게 살 수 있다고 말한다.

"왜 실패할까 두려워하는가? 절대로 감당할 수 없을 것 같은 높은 기대감 때문인가? 그렇기도 하고 아니기도 하다. 아니라고 한 이유는 높은 이상을 완벽히 실현할 수 없다는 인식은 근본적인 원인이 아니기 때문이다. 누구든 완벽해질 의무는 없다. 이상에 다가가기 위해 최선을 다하면 된다. 설령 야망을 이루지 못했다 해도 이상에 다가가기 위해 최선을 다했다면 그 자체로 뿌듯해해도 된다."[117]

모든 일에는 최선을 다할 때에 만족감이 크다. 운동선수가 최선을 다해 훈련을 하고도 라이벌 전에서 진다해도 후회는 안 남는다. 열심히 준비를 했느냐 그렇지 않느냐 만이 중요하다. 회복탄력성이 높은 사람들은 최선을 다해서 준비하고 비록 패배해도 이를 자연스럽게 받아들인다. 그리고 다음을 기약한다.

내가 살면서 터득한 어려운 상황을 빨리 극복하는 방법은 프리즈 프레임과 비슷하게 '생각 중지 훈련'을 하는 것이다. 이는 유태우 박사의 유투브에서 배웠다. 우리가 힘든 상황이면 뇌도 힘들다. 나는 모 연구재단에 열심히 준비해서 연구제안서를 냈는데 선정에 탈락하고, 열심히 연구를 해서 학회지에 투고했는데 게재불가 결과가 나오면 정신적으로 심한 피로감을 느끼곤 한다. 그 뿐이 아니다. 투고를 하고, 심사를 받고, 다시 투고한 학회지 논문이 몇 년이나 지나갔음에도 최종적으로 게재 불

117 다미앵 클레르제-귀르노(2018). 절망한 날엔 키에르케고르(이주영 역). 서울: 자음과 모음. p.224.

가가 나오면 패배감을 느낀다. 이러한 상황에서 빠르게 회복하는 나만의 방법은 '생각 중지'이다. 이를 실행하기 위해 유태우 박사의 제안대로, 아무런 방해를 받지 않는 사우나에 혼자 간다. 사우나 안의 벽을 바라보면 수만 가지 생각이 머릿속에서 오간다. 이때에 속으로 "생각 중지"를 외친다. 이렇게 외치면 생각이 멈춘다. 금세 다른 생각이 스멀스멀 올라오는데 이때에도 다시 속으로 생각 중지를 외친다. 이렇게 생각과 중지가 반복되는 가운데에 머리는 휴식에 들어간다.

자신만의 회복탄력성 향상을 위한 비법을 갖고 있어야 한다. 우리 인생은 상처 받기 쉽도록 굴러간다. 일, 공부, 여가, 가족, 친구, 동아리, 모임 등에서 수많은 상처를 받고 살게 된다. 운동을 하면서도 상처 받을 일은 자주 일어난다. 운동 동아리 총무를 하는 지인은 동호회 사람들이 운동 후 식당 정하면서 생긴 다툼을 해결하느라 고생했다고 말했다. 누구나 힘든 상황을 경험할 수 있는데 이를 잘 극복하는 사람이 지혜로운 자이다. 동시에 자기만의 회복탄력성을 높일 수 있는 방법을 가진 사람일수록 행복한 사람일 가능성이 높다.

10 운동에 대한 심리적 제약을 극복하는 법

운동에 꾸준하게 참여하지 못하게 된 이유는 심리적인 제약 때문이다. 일반적으로 운동 제약은 세 가지 상황에서 나온다. 첫째, 내 마음속에 존재하는 나태함, 강박감, 권태감, 두려움 등이 운동에 참여하지 못하게 만든다. 매일 조깅하고자 하는 사람이 오늘 일어나 "어제 저녁 늦게 까지 일했으니 오늘 하루 조깅은 쉬자"라는 생각이 제약이다. 이와 같은 스스로의 핑계가 운동 참여의 '벽'이 된다. 둘째, 타자로부터 오는 제약이 운동 참여를 힘들게 만든다. 같이 운동하는 사람이 갑자기 운동을 그만 두거나, 예정된 운동에 참여하지 않아 사람 부족으로 인해서 운동이 불가능 한 경우가 있다. 나는 운동하고 싶은 생각으로 충만하더라도 타자의 상황이 나의 운동에 영향을 미친다. 셋째, 운동에 필요한 환경이 제약으로 작용한다. 날씨가 갑자기 안 좋아진다거나, 춥거나, 너무 덥거나, 운동장 사정이 엉망인 상황 등에서는 운동 참여를 불가능하게 만든다. 간혹 금전의 부재가 운동 제약으로 작용하기도 한다. 가계의 가용 여가비용이 갑자기 줄어들면 다음 달에 휘트니스센터에 등록하기가 힘들다. 생활비가 부족하면 우선적으로 여가 비용을 줄이는 것은 당연한 일이다.

운동을 미루는 사람은 행복할 수 없다. 내일로 미루는 운동을 내일 실제 할 수 있는 확률은 별로 없다. 내가 주로 강의에서 이야기하는 운동 제약을 극복하는 세 가지 방법이 있다.

첫째, 운동을 선택할 때부터 가장 '재미' 있어 하는 종목을 택해서 하는 것이 좋다. 누군가에는 테니스가, 어떤 이에게는 조깅이 생각만 해도 웃음을 짓게 한다. 재미있는 운동은 지속적으로 참여하게 만든다. 운동에 재미있게 참여하면 다양한 맥락을 맛보며 살 수 있다. 일상은 별로 변화가 없다. 그러나 고교 동창들과의 골프 라운딩은 재미있고 신난다. 그 친구의 골프를 풀어가는 모습에서 예전 학창 시절의 모습을 보기도 한다. 점심 식사 내기 골프는 마치 30년 전 철부지들의 익살스러운 말싸움을 다시 등장하게도 한다. 퍼팅에서 기브를 주지 않았을 때에 "영어 잘 못하네", 옆 그린에 올리면 "다른 집 가는 걸 참 좋아해" 등의 익살 섞인 말들은 골프를 더욱 재미있게 한다.

둘째, 운동하는 데 필요한 '돈'은 미리 준비해야 한다. 돈은 운동하는 데 필요한 기본 경비 외에도 운동하는 시간 동안 나의 일을 대신할 사람에 투입되는 돈 등을 의미한다. 하버드대학과 브리티시컬럼비아 대학팀은 시간을 버는데 돈을 쓰는 사람이 그렇지 않은 사람들 보다 훨씬 행복하다고 했다.[118] 가사 노동을 도와줄 도우미를 위해 돈을 지불하거나, 운전하는데 도움을 주는 대리기사를 쓸 수 있는 사람은 소득 수준과 상관이 없이 행복도가 높았다. 돈으로 시간을 살 수 있는 사람은 시간에 더 높은 가치를 둔다. 돈과 시간은 우리 삶에서 경쟁 관계에 놓여 있다. 높은 연봉을 받는 사람은 회사에서 많은 일을 해야 한다. 또한 스트레스 지수도 높고 책임감도 높아진다. 이들은 운동할 시간을 내기 힘들다. 반면, 운동 시간을 중히 여기는 사람은 연봉이 조

118 최인철(2018). 굿라이프. 파주: 21세기북스. pp.123-124.

금 낮더라도 정시에 퇴근할 수 있는, 그리고 퇴근 후에는 자기만의 여가 시간을 즐길 수 있는 일터에서 일한다.

셋째, 운동을 통하여 '의미'를 찾을 수 있어야 한다. 운동을 하면서 의미를 느끼는 사람은 운동을 게을리 하지 않는다. 의미를 갖고 있으면 누가 시키지 않아도 매일 운동을 하게 된다. 그럼 무슨 의미를 찾아야 하나? 자신의 건강과 행복한 삶에 대한 운동의 의미를 깨달아야 한다. 운동을 통하여 매일 건강해진다는 생각과 행복을 위해 운동을 하고 있다는 자각이 있을 때에 운동을 지속하게 된다.

백세 시대에는 자신만의 운동 철학은 반드시 필요하다. 지금도 시간이 없어서 운동을 못하는 사람, 돈이 아까워 운동을 못하는 사람은 자신의 삶에서 불필요한 것들은 덜어내고자 노력해야 한다. 내가 좋아하는 법정 스님은 적게 가질 때에 세상이 새롭게 보인다고 하셨다.

"적게 가질수록 마음이 덜 흩어진다. 그리고 적게 가질수록 귀하고 소중한 줄을 알게 된다. 귀하고 소중한 줄 모르는 사람은 알맹이 없는 빈 껍풀만의 인생을 살고 있는 거나 마찬가지다. 사람의 욕망이란 한이 없다. 분수 밖의 욕망이 우리를 병들게 한다. 물질만이 아니고 어떤 명예나 지위도 분수를 지나치면 자기 스스로가 불편하고 세상의 비웃음을 사게 마련이다. 경전의 말씀처럼, 자기 분수에 만족할 줄 모르는 사람은 겉으로 보기에는 부유한 것처럼 보이지만 안으로는 가난하고, 만족할 줄 아는 사람은 남 보기에 가난한 듯 하지만 실상은 어디에도 걸릴게 없는 부유한 사람인 것이다."[119]

운동을 지속적으로 하는 사람은 부유한 사람이다. 그 사람은 더 가지고자 일 하기보다는 비워내어 만족한 삶의 지혜를 알고 있다. 또한 자신의 삶을 진정으로 사랑하는 자이기도 하다.

119 법정(2006). 맑고 향기롭게. 서울: 조화로운 삶. p.150.

PART
04 스포츠와 교육

01 학창 시절에 충분한 운동을 맛보게 하자

02 운동선수의 학습권

03 미국 학원스포츠에서 배운다

04 일상 속 체육이 행복의 세계로 인도한다

05 한국 여성들에게 운동을 권함

06 다문화 가정을 위한 스포츠 교육

07 노년에 불안해 하지 않고 사는 법

08 장애인 체육, 타자 그리고 얼굴

09 중년 남성에게는 스포츠살롱이 필요하다

01 학창 시절에 충분한 운동을 맛보게 하자

우리나라 청소년들은 세계 어느 나라 청소년들보다 열심히 공부한다. 공부량은 상당히 많으나 자율적인 학습권은 별로 없다. 하고 싶은 공부를 하는 것이 아니라 외워야 하는 공부를 해야만 한다. 나의 청소년 시기를 돌이켜 보아도, 시험 끝나기 전에는 모든 행동이 규제되었다. 학교, 교사와 부모에 의하여 나의 신체는 제한되었다. 내가 원하는 친구들과 농구를 하거나, 새로 개봉한 홍콩 느와르 영화를 보는 것이 통제되었다. 반면에 미국이나 프랑스 청소년들은 공부와 더불어 충분한 운동과 엑스트라 커리큘럼을 통하여 심신의 균형적 성장을 꾀한다.

청소년기의 운동은 신체적, 정서적 그리고 사회적 발달을 도모한다. 이 시기의 운동이 중요함에도 불구하고 현실적으로 우리 청소년들이 마음껏 운동을 할 수 있는 여건은 안 된다. 학교에서도 운동부가 아닌 이상, 운동을 좋아하는 학생은 체육학과 지망생으로 여겨지기도 하고, 학교 공부에는 취미를 못 느낀 사람으로 오해를 받는다. 청소년들이 섭취하는 음식이 과거 보다 향상되어 신체 발육 및 발달은 잘 이루어지고 있으나, 그들의 사회적이고 정서적인 발달은 신체 발달과 조화를 못 이루고 있다. 이들의 성장에 대학 입시는 부정적인 영향을 미친다. 학교에서 체육시간 및 과외 운동 시간이 줄어들면서 청소년들은 정서 불안에 쉽게 노출되고 있다. 현재 청소년들의 상태 불안(state anxiety)을 감소시킬 수 있는 운동할 여건을 학교나 부모는 제공하지 못하고 있다. 예전 미국에 체류할 때에 사는 곳 인근 고등학교의 아침 장면이 생각난다. 그 학교 학생들은 등교와 동시에 운동장을 몇 바퀴씩 뛰고서야 교실로 들어갔다. 그 뿐이 아니다. 대략 3시경에 끝나고는 대부분의 학생들은 각자 좋아하는 운동 동아리에서 땀을 흘리고 있었다. 당연히 책상에 앉아 있는 것보다는 뛰는 시간이 많은 학생들이 신체적으로나 정신적으로 건강하다.

청소년기의 운동은 타자를 이해하고, 사회제도를 몸으로 인식하게 한다. 스포츠는 청소년들을 사회화시키는 핵심 '틀'이다. 나는 스포츠를 사회화를 위한 '틀'이라고 표현하는 것을 좋아한다. 우리는 일생을 살면서 누구나 스포츠라는 틀을 거치면서 사회 가치와 제도를 배워 나간다. 운동을 아무리 싫어하는 사람도 학교 체육 시간이나, 교회 야유회에서 신체 활동을 하며 스포츠가 추구하는 그 무엇을 알게 된다. 스포츠는 철저하게 타자와의 교류를 통해 이루어진다. 이 안에는 철저한 규칙과 규범이 존재 한다 그 규칙과 규범을 이해하고 사회생활로 전이하도록 하는 것이 스포츠 체험의 목적이다. 청소년기에 스포츠라는 틀을 잘 통과하면 긍정적 경험이 축적되고, 사회화에 대하여 인식하게 되고, 나아가 체육의 가치를 실천할 수 있어 삶 속에서 운동을 높은 가치에 두고 살 수 있다. 들뢰즈의 말대로, 통제 사회 안에서 스포츠는 타자를 이해하는 핵심 수단이 된다. 이러한 맥락에서, 서경화는 스포츠는 인간 소외현상을 탈피하는데 중요 역할을 수행한다고 언급한다.

"들뢰즈가 주장하는 통제사회, 즉 현대사회에서는 인간의 욕망을 다스려 자유로운 경쟁을 통해 개인과 사회를 통제한다. 이러한 사회의 특징은 집단주의가 개인주의로 변화하며 또 다른 문제를 낳게 되는데 그것이 바로 인간 소외현상이라 할 수 있다. 그러나 현대사회에서의 스포츠는 인간소외현상의 해소를 가능케 한다. 이는 스포츠는 여러 가지 요소를 가지고 있지만 그 요소 중에서 꼭 빼 놓지 않고 포함되는 것이 바로 타자성이기 때문이다. 스포츠는 그 대상이 경쟁자이든, 시간이든, 거리든 간에 자신을 제외한 타자를 꼭 필요로 하기 때문이다. 이러한 스포츠의 타자성은 인간소외현상에서 탈피할 수 있을 뿐만 아니라 협동, 유대 등을 강화시키는데 일조할 수 있을 것이다."[120]

김민섭은 지방대학교 시간강사를 하면서 현대 소설을 연구한 학자 지망생이었다. 대학에서 교수도 아니고, 학생도 아닌 입장에서 스스로가 경계인의 위치를 8년간 체험하고 대학을 뛰쳐나왔다고 한다. 그는 생계를 위해서 대학 강사에서 대리기사가 되었다. 그 경험으로 쓴 책이 《대리사회》이다. 이 책에서 그는 그동안 저자가 "대리인간으로 살아왔음을 고백"[121]한다. 그는 대리기사로 타인의 운전석에 앉으며 세 가지의 통제를 경험했다고

120 서경화(2011). 청소년 운동선수 지도를 위한 길: 푸코의 규율사회와 우리나라의 스포츠 구조. 움직임의 철학: 한국체육철학회지, 19(4), p. 145.

121 김민섭(2016). 대리사회, 서울: 와이즈베리. p.8.

말한다. 첫째는 행위의 통제이다. 대리 기사는 엑셀과 브레이크를 밟고, 깜박이를 켜는 등 차안의 기본적 조작 외에는 아무것도 할 수 없다. 아니 해서는 안 된다. 내가 차 안에서 원하는 음악을 듣거나, 친구와의 통화가 불가능하다는 뜻이다. 둘째는 말의 통제이다. 대리 기사는 손님에게 먼저 말을 걸 수 없다. 만약 차주와 대화가 시작되더라도 "네, 그렇습니다"와 같은 간단한 대답만 하게 된다. 정치나 종교적 대화는 의도적으로 피하게 된다고 한다. 차주와 다른 정치적 견해를 피력했다가 분쟁에 휘말릴 수 있기 때문이다. 셋째는 사유의 통제이다. 행위가 통제되고 말을 하지 않으면 사유는 진척되지 않는다. 타인의 운전석은 한 개인의 "주체성을 완벽하게 검열하고 통제한다."[122]

나와 같은 기성세대가 청소년들에게 행위, 말과 사유를 통제하고 있는지를 반성해본다. 한국 사회의 청소년들은 최소한의 행위와 사유의 통제를 경험하고 살고 있다. 입시 지향적인 문화 속에서 본인이 원하는 운동을 마음대로 하는 청소년은 극소수에 불과하다. 생각도 마찬가지이다. 창의적 생각을 하는 것 자체가 입시 공부에 가려져 있다.

---

122 김민섭(2016). 대리사회, 서울: 와이즈베리. p.9.

청소년이 운동할 수 있는 여건을 만들기 위해서는 두 가지를 고려할 수 있다. 첫째, 대학 입시에서 다양한 운동 체험을 평가할 수 있는 제도를 도입해야 한다. 근래 많은 대학들은 학생 선발에서 입체적 평가를 시행하고 있다. 중고등학교 때의 주도적 운동 경험이 학생 선발의 좋은 평가 영역이 되어야 한다. 둘째, 청소년들이 마음껏 운동할 수 있는 공간을 지역 사회에 많이 만들어야 한다. 학교 운동장은 협소하여 많은 학생들이 운동하기 힘들다. 교내 운동부의 훈련으로 본인이 좋아하는 운동을 하기에는 공간적 제약이 많다. 방과 후나 특히 주말에는 청소년들이 거의 돈을 내지 않고 운동이 가능한 공간이 많이 조성되어야 한다.

이제 운동은 선택이 아닌 필수의 시대가 되었다. 청소년기의 운동은 이들의 신체적, 정서적 그리고 사회적 혜택을 제공해준다. 이들이 운동을 잘하고 건강한 젊은 세대로 자라나기 위해서는 기성세대의 의식 전환이 필요하다. 학교 체육 시간에 다양한 스포츠 활동을 맛보도록 하고 방과 후 활동을 격려하는 일선 학교체육 문화가 자리 잡아야 한다. 학교 체육이 잘 운영되고 방과 후 체육 활동을 효과적으로 운영하는 학교를 선정해서 홍보하고 격려하는 문화 또한 만들어져야 한다.

02 운동선수의 학습권

권력에 의해서 신체는 항시 통제된다고 믿었던 미셀 푸코가 우리의 운동선수를 보았다면 어떻게 평가했을가? 그는 운동선수의 스포츠 수행력을 권력의 철저한 신체 통제로 봤을 것이다. 운동선수의 훈련에 대한 강권은 규율적 신체활동을 강요한다.

"푸코가 말하는 규율사회에서의 스포츠의 역할은 순종적인 생산 기계인 인간의 신체를 관리하여 생산능력을 높이는 역할 밖에 할 수 없었다. 그 또한 자발적인 움직임이 아니며, 권력의 기제에 조정되어지는 부품이던 것이다. 말 그대로 규율사회의 체육이나 스포츠 활동은 학교, 군대, 감옥, 병원 등과 같은 곳에서 이루어지는 정해진 시간의 규율적 신체활동에 지나지 않는다."[123]

학교 내 운동선수는 '학생선수'이다. 이들은 학교 내의 특정 운동부에 소속되고, 학업과 병행하여 운동을 한다. 이들 학생선수들은 학교를 대표하여 운동을 통하여 학교의 명예를 드높여야 하는 숙제를 갖고 운동에 전념하는 이들이다. 사실 학생선수의 존재 목적은 학생이 운동을 통해 긍정적 자아감을 쌓고, 사회생활 속에서 공정한 경쟁과 협동을 배워서 자기조절력을 배양하고, 타인을 존중하는 의식을 함양하는 데 있다.[124] 그러나 한국 사회의 승리지상주의 문화 속에서 학생선수의 순기능적 존재 목적은 상실되었다. 이와 같은 문화 하에서 어린 선수들은 본인의 '학습권'을 빼앗긴 채 운동에 몰입하게 된다. 이들은 중고등학교 재학 시부터 기초 학습의 기회를 제공받지 못하여 대학에 체육 특기자로 진학해서도 수강 과목을 이해하고 진도를 따라가기 힘들다.

---

123 서경화(2011). 청소년 운동선수 지도를 위한 길: 푸코의 규율사회와 우리나라의 스포츠 구조. 움직임의 철학: 한국체육철학회지, 19(4), p. 144.

124 홍석호(2013). 학생선수 학습지원정책의 문제점과 개선방안. 한국체육정책학회지, 11(4), 75-88.

학생선수들이 학교 내에서 제대로 교육을 받지 못하는 근본 원인은 맹목적인 승리지상주의를 신봉하는 우리의 학원 스포츠 문화에 있다. 이 문화 하에서 운동선수들은 전인 교육 과정이 중요한 것이 아니라, 그들이 쟁취해야 하는 승리가 더 필요하다. 이 문제가 잘 해결되지 않는 이유는 승리지상주의를 지향하는 학원 스포츠가 대한민국 엘리트 체육이 쌓은 업적의 근간을 이루기 때문이다. 우리가 대한민국의 엘리트 스포츠에 대하여 자부심을 가지고 있는 만큼, 이 문제의 해결은 쉽지 않다. 중등학교의 학생선수들은 만약 오전 수업에 들어가도 수업에 집중하지 못하고 교과 교육 시간에 딴 책을 보거나 잠을 잔다. 그들은 오랜 시간 동안 수업 결손으로 인하여 수업 내용을 이해하기가 불가능하다. 이들이 다른 책을 보거나, 잠을 자는 것을 선생님이나 다른 친구들도 양해한다. 선수들은 훈련으로 인해서 수업 시간은 쉬는 시간으로 생각하지만, 이마저도 시합이 가까워지면 수업에 아예 들어오지 못한다.[125]

류태호와 이주욱은 학생선수들은 선수만의 공간에서 특정한

125 박원길, 임수원(2003). 고등학교 운동선수의 학교생활적응 실태와 문제점 및 개선방안. 중등교육연구, 51(2), p.529.

행동양식과 유형을 갖고 특정한 맥락을 나누고 있다고 하며, 이는 학교 안 다른 학교인 '섬'문화를 만든다고 하였다.[126] 학생선수는 교실이나 집이 아닌, 합숙소에서 생활하면서 운동 훈련과 위계질서에 맞는 사회화를 경험한다. 이들은 학교의 훈육권 밖에 존재할 가능성이 높다. 이들은 일반학생과 구별이 되는 운동복을 항시 착용하거나, 그들만의 의사소통 방식을 갖고 지낸다. 류태호와 이주욱은 이러한 운동선수의 문제를 해결하기 위해서 개방적 교육 담론의 필요와 의사소통의 확대를 제기한다.

"운동부 구성원들이 현재에 대한 부정과 일상에 대한 반성을 통하여 교육적 가치를 담보해 내는 문화를 창출해 내야 한다. 운동부 문화는 승리지상주의라는 단일 가치에서 다양한 가치가 공유되는 문화로, 전체주의적 통제에서 개별적 자율이 인정되는 문화로, 폐쇄와 고립에서 다양과 개방의 문화로 변해야 한다. 운동부 문화는 실수와 실패를 인정하며, 감독과 운동선수간의 쌍방적 의사소통이 개방적인 특성을 지녀야한다."[127]

---

126 류태호, 이주욱(2004). 운동선수의 학교생활과 문화. 한국체육학회지, 43(4), pp. 217-282.

127 류태호, 이주욱(2004). 운동선수의 학교생활과 문화. 한국체육학회지, 43(4), p.280.

운동선수가 학업과 운동을 조화롭게 하기 위해서 고려할 점은 무엇인가? 첫째, 학생선수에 대한 '진로 상담'과 '학업 상담'이 주기적으로 이루어져야 한다. 학생선수들을 관리하는 학교 내 운동부 지도자 외에 체육교사와 진학상담 교사가 주기적으로 학생선수에 대하여 진로에 대한 아이디어를 제공해주어야 한다. 중등학교 및 대학에서 운동선수만이 아닌, 가능성 있는 여러 진로를 선택할 수 있는 길을 열어주어야 한다. 현재 운동부 학생들의 중도탈락은 계속 증가하고 있다. 한태룡의 운동선수 중도탈락률 연구에 따르면,[128] 초등학교 6학년은 48.8%, 고등학교 3학년 44.4%, 대학교 2학년 44.9%로 나타났다. 중도 탈락률은 매년 20%씩 증가하고 있다. 결국 우리나라에서 선수로 이름을 날리는 경우는 전체 선수 중에서 5% 미만으로 보는 것이 맞다. 대략 95%에 이르는 운동선수에 대한 진로 상담과 학업 상담이 필요하다. 운동, 학업, 진로에 대한 주기적 상담을 통하여 운동선수가 경험하는 어려움에 대하여 이야기할 수 있는 상담 및 '소통의 장'을 만들어야 한다. 시합 후에 선수들이 수업에 참가해서 학업을 따라 갈 수 있도록 학교 측의 제도적 보완도 필요하다.

---

128 한태룡 외(2009). 학생선수의 진로경로연구. 체육과학연구원.

둘째, 실제적으로 공부가 가능한 시스템을 만들어야 한다. 2009년의 초중고 축구 주말리그제의 시작은 학생선수들의 학습권 확보를 위한 좋은 시작이었다. 이후 2010년 대학축구, 2011년 고교 야구와 대학 농구, 2017년 대학 야구의 주말 리그제 도입은 학생선수들의 교과교육을 공부할 수 있는 여건을 어느 정도는 만들었다. 그럼에도 불구하고, 주중의 엄청난 훈련을 바탕으로 주말에 시합을 하기 때문에 주중에 수업에 참여하기가 상당히 힘들다. 이들이 공부에 적절히 참여할 수 있는 효과적인 시스템을 고안해야 한다. 운동선수를 무조건 수업에 들어오도록 강권하는 것이 아니라, 운동부에 맞는 수업을 개발하고 전개해야 한다는 것이다. 운동선수를 억지로 수업에 들어오라고 해서는 잠을 자거나, 소설책을 읽는 과거 사례의 반복이 일어날 수밖에 없다. 혹자는 중등학교 운동부를 관리하는 데에도 엄청난 비용이 들어가는데 그들을 위해 수업까지 고안할 예산은 부족하다고 말한다. 맞는 말이다. 여러 가지 아이디어가 필요하다. 예를 들어, 비용을 최소화하면서 수업 참여를 독려할 수 있는 '사이버 교육'을 활성화하고, 일정 지역별로 묶어 권역별 중등학교 학생선수의 수업을 평가하고 관리하는 제도도 고려해야 한다. 학생선수의 수업 수강에 대한 관리와 감독이 가능한 '이-스쿨' 제도의 운영에도 신경을 써야 한다.

셋째, 학생선수들을 위한 인문학 교육을 활성화해야 한다. 중등학교나 대학에서 학생선수의 수준별 인문학 교육이 필요하다. 이들에 대한 인문학 교육은 삶을 풍성하게 해준다. 미국 언론인인 얼 쇼리스는 부자와 빈자의 차이는 인문학을 어느 정도 접했는지에 따른다는 것을 다양한 계층을 인터뷰하면서 깨달았다. 그는 사회소외계층을 대상으로 인문학 과정인 '클레멘트 코스'를 개설하고 소외된 사람들에게 시, 소설, 철학, 역사, 예술을 배울 수 있는 기회를 제공했다. 이 과정을 이수한 미국 소외계층들은 자신의 자존감이 높아졌으며 사회적으로 자활할 수 있었다. 얼 쇼리스는 인문학은 모든 계층이 인생을 멋지게 살 수 있는 문화적 상상력을 향상시켜준다고 말한다.[129] 운동선수에게도 인문학 교육은 절대적으로 필요하다. 쉬운 고전 문학, 역사, 철학, 예술 작품들을 접하고 그들이 사유할 수 있는 시간을 제공해주어야 한다.

---

129 이형복(2006.1.18.). 경기문화재단-성공회대 얼 쇼리스 초청 국제세미나. 경기일보.

학생선수의 학습권 확보에 대한 해답은 우리의 의식 전환과 이들의 행복 추구권에 대한 인정으로 접근해야 한다. 일본의 다나카 에이스케 선수의 사례는 우리의 엘리트 스포츠가 추구해야 할 방향에 대하여 제시한다. 그는 2014년 일본 명문 교토대학교 공대 출신으로 대학 야구부에서의 활동을 기반으로 지바 롯데 마린스에 2순위로 지명을 받았다. 그는 대학 졸업 전 취업이 된 미쓰이 물산을 과감히 퇴사하고, 마린스에 둥지를 틀었다. 교토대학교 출신이 일본 프로야구의 지명을 받은 경우는 그가 처음이다. 이것이 가능했던 이유는 일본에서는 운동과 공부를 병행하는 문화가 자연스럽게 자리 잡아져 있기 때문이다.

부러울 따름이다.

Antikvariaatti
Sofia
JUMALA
SAFRAN
FOER
1941
ANTTI ESKOLA
ANTTI
ESKOLA
VANHUUS
NAISTEN-
ASET
1€

"운동선수에게도 인문학 교육은 절대적으로 필요하다. 쉬운 고전 문학, 역사, 철학, 예술 작품들을 접하고 그들이 사유할 수 있는 시간을 제공해 주어야 한다."

03 미국 학원스포츠에서 배운다

미국은 스포츠 천국이다. 그 곳에서는 보는 스포츠이건, 하는 스포츠이건 신나게 할 수 있는 시공간이 존재한다. 프로 스포츠는 말할 것도 없고, 동네의 야구장에도 주말이면 다양한 경기가 열린다. 미국에 처음 체류할 때에는 이들의 훌륭한 스포츠 문화를 자원의 풍족함 때문이라고 생각했다. 그러다가 교환 교수로 체류할 때에 직접 여러 스포츠를 접하다 보니 이들의 스포츠 문화는 엄청난 노력으로 조성된 것임을 알 수 있었다.

미국 스포츠 성장의 원동력은 학교스포츠클럽 활동이다. 미국의 학교스포츠클럽리그의 운영은 고교체육연맹(National Federation of State High School Association, 이하 NFHS)이 담당한다. NFHS는 시합, 연습과 선수의 출전에 대하여 규정을 명시하여 학교스포츠클럽을 관리한다. 이 연맹 밑에는 미국 각 주별로 중고교스포츠협의회가 있어 해당 주의 스포츠클럽의 운영을 확인하고 지원한다. 이용식과 이창현은 NFHS와 뉴멕시코 주의 지역 고등학생들의 학교간 경기를 관리하는 기구인 NMAA(New Mexico High School Athletic Association)의 연구 사례를 통하여 한국 학교스포츠클럽 리그에 세 가지 정책적 제언을 하였다.[130]

첫째, 학교체육진흥법에 따른 '학교체육진흥회'를 설립하여 학교스포츠클럽리그를 담당하는 중앙 및 지방 부서를 만들어 관리하는 체제가 필요하다. 미국의 NFHS와 유사한 학교체육진흥회의 설립이 필요하고, 전국 대회를 실제 운영하고 관리하는 진흥회 소속하의 NMAA와 같은 지부를 두면 좋다. 현재 교육청, 지원청, 문화체육관광부와 대한체육회에서 중복적으로 관리하

130 이용식, 이창현(2017). 미국 학교스포츠클럽리그 주관기관 사업 분석 및 한국에서의 정책적 제언. 한국체육정책학회지, 15(1), pp. 17-35.

는 체제에서 탈피해서 중앙기구를 설립하고 지부 운영을 통하여 시합 운영 및 관리를 돕는 형태가 필요하다.

둘째, 미국의 사례처럼 시합을 계절별로 분산하고 전 종목에 주말 리그 제가 도입되어야 하며 코치 및 심판의 효과적 운영이 필요하다. 계절 및 종목별 분산 시스템을 적용하여 전체적으로 주말 리그 제를 운영하고 학생들의 참여를 독려해야한다. 한국에서는 학교스포츠클럽 시합의 심판을 체육교사나 스포츠강사가 담당하는데 미국은 전문적 심판 및 심판과 코치 교육 체계를 갖추고 있다. 현재 우리에게 필요한 것은 전문적 심판과 코치 교육 시스템을 도입하고 현장에서 적용하는 일이다.

셋째, 한국에서도 리그를 주관할 기관이 만들어져서 정부 예산을 확보하고 기업 등에서 다양한 예산을 확보할 수 있는 길이 만들어져야 한다.

미국의 대학 스포츠를 지원, 관리 및 평가하는 기구는 미국대학스포츠협회(National Collegiate Athletic Association, 이하 NCAA)가 있다. 이는 미국 대학 스포츠를 교육적 측면에서 운영 및 관리하게 위하여 1906년에 만들어졌다. 이 기구의 설립 취지 및 효과에 대하여 권순용은 이렇게 언급한다.

"대학스포츠 개혁의 필요성에 근거한 NCAA의 설립은 당시 대학스포츠가 학원스포츠 본연의 교육적 목적 및 가치 실현이라는 가치에 충실해야 한다는 시대적 요청에 의한 것이다. 이에 NCAA는 설립초기부터 대학스포츠를 강의실에서 배우기 어려운 다양한 가치와 교훈을 경험하고 형성할 수 있는 중요한 교육경험의 일환으로 여겼다. 그 결과 조직의 운영은 운동선수의 바람직한 학습경험에 두게 되었다. 특히 그들은 학생선수(student-athletes)라는 개념을 운동선수에 앞서 학생으로서 권리와 의무에 두었고, 이에 대한 사회전반의 동의를 이끌어 내는데 조직적 노력을 경주 하였다."[131]

미국은 NCAA를 통하여 체육특기자의 패러다임을 바꾸었다. 이를 통하여 운동만 잘하는 선수가 아닌, 학업을 충실하게 이수하는 학생선수를 육성할 수 있었다. 이와 같은 "제도적 장치"는 고등교육이 추구해야 하는 사회적 가치의 실천에서 비롯된다.

131 권순용(2011, 겨울호) 미국의 체육특기자 대학입시제도. 스포츠과학, p.92.

스포츠 문화가 발전한 미국 사회에서는 '대학 스포츠의 기본 가치는 무엇인가'에 대하여 항상 심사숙고하고 있다.

미국에서는 스포츠와 학업 모두를 중요시 한다. 학생선수가 원정 시합을 가서 수업에 못 들어올 경우에는 인터넷을 통해 과제를 확인하고, 이에 대응하는 과제를 수행하고 필요한 진도를 학습해야 한다. 청소년 대표 선수들도 일반학생처럼 오전 7시에 등교하고 오후 2시에 수업을 마친다. 2시의 수업이 끝나면 비로소 운동을 할 수 있다. 운동선수들만을 위한 별도의 스케줄을 운영하지 않고, 오후 2시 이후에 자율적으로 운동에 참여한다. 그들에게 훈련보다 중요한 것이 학점 취득이다. 일정의 학점을 받지 못하면 그 선수는 선수 자격을 상실한다. 2012년 미국청소년 야구팀 단장이었던 브랜트 어스트는 이렇게 말한다.

"선수들은 물론 메이저리그에 가고 싶어 하고 야구를 더 잘 하고 싶어 한다. 선수들에게 물어 보면 분명 운동에 더 시간을 들이고 싶고 여기에 더 많은 에너지를 쏟고 싶어 할 것이다. 그러나 미국의 시스템은 둘 다 잘 할 수 있는 구조로 되어 있다. 학업에 걸리는 시간 때문에 운동실력이 떨어질 것이란 생각은 하지 않는다. 야구를 시작하는 어린 나이에 '운동만 할래' 또는 '공부만 할래'를 결정하는 것은 무리다. 미래에 어떤 일이 생길지 모르므로 운동에 실패 했을 때에 대한 대비가 필요하다. 여기에서 실력이 얼마나 뛰어난지는 중요하지 않다."[132]

나는 "미래에 어떤 일이 생길지 모른다"는 말에 전적으로 공감한다. 우리의 미래는 어떻게 나아갈 지는 아무도 모른다. 학생선수들은 자신의 삶에 남은 모래알과 같은 많은 날들을 위해 학업과 운동에 최선을 다해야 한다. 스포츠에 열광적이지만, 한편으로 학업과 운동을 동시에 잘하는 학생선수만을 용납하는 사회 분위기를 미국인 자신들이 만들었다.

미국의 학원 스포츠클럽은 여성들이 별다른 제약 없이 참여할 수 있는 시스템을 갖추었다. 타이틀 나인의 제정으로 인하여 남녀 평등교육이 실현되었으며, 이후 여자들에게도 공평한 체육활동이 보장되었다. 1972년 고등학교 스포츠 경기의 참여자 중 여학생은 29만 5천명이고 남학생은 367만 명이었다. 2012년에

---

132 서우리(2012.9.26.). 미국은 학생이 먼저, 한국은 선수가 먼저(1). NEST 스포츠 둥지기자단. 국민체육진흥공단. http://sportnest.kr/1515.

서 2013년에는 여학생 참여자수가 322만 명으로 엄청나게 증가했다. 대학교에서도 타이틀 나인의 제정 전후를 비교해서 여대생의 체육활동 참여가 약 6배 정도 증가하였다. 김성진은 타이틀 나인의 효과에 대하여 세 가지 방향으로 진단하였다.[133]

첫째, 타이틀 나인 시행 이후 여성들의 건강이 대대적으로 좋아졌다. 운동을 많이 하게 된 여학생들이 중장년층이 되었을 때에 비만에 걸린 확률도 7퍼센트 정도 감소되는 것으로 나타났다. 운동은 신체적 건강 외에도 자존감 향상, 우울증 발생률 저하 및 긍정적 이미지 형성에 영향을 미쳤다.

둘째, 운동을 많이 접하게 된 여학생들은 뛰어난 학업 성취도를 보였다. 운동을 꾸준히 한 여학생의 고등학교 졸업률이 높아지고, 장학금을 받고 대학에 진학하는 비율이 크게 향상되었다.

셋째, 운동을 자주 접한 여학생들은 학교생활을 잘해서 취업률이 높아지고, 이는 여성의 경제적 수준을 향상시키는데 일익을

133 김성진(2014). 여학생 체육활동 참여의 활성화를 위한 법제도 마련: 미국의 타이틀 나인(Title IX)을 중심으로. 스포츠와 법, 17(4), pp.59-77.

담당했다. 미국 타이틀 나인의 제정은 사회문화적으로 여성과 남성을 동등하게 만든 획기적 조치였다. 또한 이는 스포츠가 어떻게 여성의 인권향상에 기여하는 지를 보여준 좋은 사례이다.

미국의 학원스포츠는 동아리스포츠, 엘리트 스포츠, 학교 체육, 생활체육의 경계가 허물어진 형태에서 선수가 나온다. 애초부터 학생선수라고 못을 박고 운동에만 매진하는 선수를 육성하지 않는다. 이렇듯 각 스포츠 범주 사이의 경계가 허물어진 이유는 '운동만'을 잘하는 학생이 아닌, '운동도' 잘 하는 학생을 육성하기 위한 오랜 시간 동안의 사회적 함의가 존재하기 때문이다.

이제는 우리도 이와 같은 사회적인 담론을 진척시킬 때이다.

04 일상 속 체육이 행복의 세계로 인도한다

일상에서의 체육에 대한 관심은 높아졌지만 실제 일반인의 여가 시간 활용도를 살펴보면, 텔레비전 시청이 체육 참여보다 월등히 앞선다. 몇 년째 생활체육 참여율이 정체되어 있는 이유는 주변에 재미있는 다른 활동이 많이 생겼기 때문이다. 텔레비전 시청 외에도 휴대폰이나 컴퓨터를 통해서 우리는 너무나 쉽게 즐거운 세상을 만날 수 있다. 운동보다는 손쉽게 얻을 수 있는 재미를 찾다보니 휴대폰이나 컴퓨터로 게임을 하거나 동영상을 시청하는 사람들이 증가하고 있다.

생활 체육 참여율을 지금 보다 높이기 위해서는 세 가지 변화가 필요하다고 본다. 첫째, 생활체육과 학교 체육의 유기적 연결이 필요하다. 현재 운영되는 일선 중등학교의 학교스포츠클럽을 잘 활성화해서 이 경험이 생활체육으로 연계하도록 해야 한다. 학교에서는 학교스포츠클럽의 등록률을 높이기 위하여 여러 방안도 강구해야 한다. 이를 위해서는 중등학교에서 학교스포츠클럽 활동을 재미있게 운영할 수 있는 방법을 고안하는 일이 필요하다. 지역별 또는 전국 단위의 학교스포츠클럽 대회를 정기적으로 개최하고 여기에 학생들이 관심을 갖고 참여하도록 유도해야 한다. 학교에서 재미있는 체육을 배운 사람은 졸업 후에도 운동에 대한 남다른 가치관을 갖게 된다. 학교 체육의 개선에 대한 담론은 오랜 시간 동안 논의되어 왔다. 근래 중학교에서 학교장 재량으로 학교스포츠클럽 활동 2시간에 대하여 1시간은 체육수업으로 인정해주거나, 또는 이 활동을 체육수업시수 1시간으로 전환하면 시도교육청의 해당 학교에 대한 교원 추가 지원이 논의되고 있다. 교육부는 고등학교에서도 학교체육을 6개 학기로 편성하여 운영하는 것을 권고하고 있다.

무엇보다 중등학교에서 1인 1기(技)가 가능한 스포츠 활동 참여를 권장할 수 있는 제도가 만들어져야 한다. 학교스포츠클럽으로의 학생들의 원활한 참여를 위해서는 재미있게 가르치는 교사도 필요하고, 함께 즐겁게 운동할 수 있는 교내 분위기 또한 필요하다. 이와 같은 학교체육의 내실화는 우리 생활체육 참여율을 진작시키는 데에 도움을 준다.

둘째, 생활체육에 대한 정보시스템 서비스를 점검해야 한다. 운동을 원하는 사회구성원이 필요한 정보를 얻고 체육 활동을 주기적으로 할 수 있는 정보시스템을 구축하고, 이를 통하여 운동 효율성을 높이도록 도와주어야 한다. 정보의 차원에서 생활체육 참여자는 생활체육에 대한 다양한 정보를 특정 사이트에서 얻고, 동호인 클럽의 운영과 관리에 대한 정보를 제공받고, 생활체육 시설에 대한 정보도 얻으며, 생활체육 프로그램을 위한 정보(강습회 일정, 스포츠버스, 푸드 트럭 등)을 적절하게 수용할 수 있어야 한다. 현재 운영되고 있는 생활체육정보포털 서비스도 이용자의 편의에 맞게 수정되고 운영될 필요가 있다. 주변에 보면 모바일로 접근 가능한 이러한 정보 시스템의 존재를 아는 이가 많지 않다. 좋은 시스템을 갖추는 것도 필요하지만 홍보와 운영의 묘를 살리는 것도 필요하다.

셋째, 사회구성원 스스로가 생활체육 활동이 필요하다고 인지하는 기회를 가져야 한다. 학교를 졸업하고 나서 주기적으로 운동하기는 상당히 힘들다. 와튼 스쿨의 스튜어트 프리드먼 교수는 인간의 삶은 네 가지 영역, 일, 가정, 자신과 자신이 속한 지역 사회로 구성된다고 하였다. 이 영역들은 서로 분리되지 않고 서로 겹쳐진다. 프리드먼 교수는 삶을 구성하는 네 영역에 대하여 네 개의 원을 그리라고 한다. 이 원들이 겹치는 부분에 해당하는 활동을 탐색한다. 아이들과 주말에 운동을 한다면 이것은 자신과 가정을 위한 활동이 된다. 주말에 회사 직원들과 소외 계층 아이들에게 축구를 지도하는 봉사를 한다면, 이는 직장과 동네 아이들과의 인간관계를 향상시키고 지역 사회에도 기여하는 활동을 한 셈이다. 프리드먼 교수는 일과 삶의 조화를 잘 이룬 사례로 셰릴 샌드버그 페이스북 최고운영자를 꼽았다. 그녀는 두 아이의 어머니로 육아를 잘하고 실리콘밸리의 여성 기업가로 왕성하게 활동하고 있다. 그녀는 자신의 가치를 주변에 조화롭게 만들고 또한 직장이나 배우자의 협력을 이끌어 내면서 네 개의 원이 최대한 서로 교차되도록 노력했다.[134] 생활체육에

134 오윤희, 윤형준(2015.2.3.). [Weekly Biz] 일 위해 가정 희생한다고? 왜?... 샌드버그를 보라. 조선비즈.

꾸준히 참여하기 위해서는 자신 삶을 둘러싼 네 가지 영역들을 현명하게 교차하도록 해야 한다. 일에 너무 치중하지도 않으며, 가정 구성원들과 함께 하고, 자신의 건강을 챙기는 동시에 지역사회에서 잘 사는 방향에서의 운동을 일상화하는 전략이 필요하다.

사회생활을 하면서 운동을 주기적으로 한다는 것은 의지가 강한 사람이다. 의지라는 것은 운동에 대한 자각에서 부터 나온다. 운동을 통해 나의 삶을 탐색하는 과정을 가져본 사람은 주기적으로 운동을 한다. 이렇듯 자신의 삶을 매일 성찰하는 사람은 그렇지 못한 사람보다 행복할 가능성이 크다. 사람마다 원하는 운동은 다르다. 조깅, 걷기, 요가, 국선도, 명상, 탁구, 축구 등 아침에 하는 많은 운동들은 내 삶을 사랑하는 증거이다. 배철현은 그렇기에 아침마다 정신 수양을 위해서 수양하는 시간을 갖는다고 한다.

“아침에 눈을 뜨자마자 나는 한 장소로 향한다. 그곳은 나의 정신 수련의 장인 공부방의 ‘한 가운데’다. 나는 한가운데를 표시하기 위해 그곳에 흰색의 방석을 놓아두었다. 이렇게 방석을 놓아두는 것은 그 공간이 특별하다는 표시다. 무함마드에게 하늘 끝까지 올라갈 때 탔던 부라크(Buraq)라는 날개 달린 말이 있었고, 선지자 엘리야에게는 하늘로 올라갈 때 탔던 메르카바(Merkabah)라는 전차가 있었다면, 나에게는 이 하얀 방석이 있다. 이 방석은 매일 아침 그날의 임무를 찾기 위해 묵상하는 천상의 카펫이다. 무슬림들은 하루에 다섯 번씩 메카를 향해 기도한다. 그들은 어디에 있든 정해진 시간에, 심지어 비행기 안에서도 메카를 향해 무릎 꿇고 이마를 땅에 댄다. 그리고 눈을 감고 자신이 해야 할 임무를 상기한다."[135]

한 국가의 체육 역량은 생활체육으로부터 나온다. 건강한 사회를 만들기 위해서는 생활체육에 대한 정부 지원이 요원하다. 손석정은 생활체육정책이 제 1차 '국민체육진흥계획'에서 부터 '스포츠비전 2018'에 이르는 동안 체육시설 조성, 생활체육 프로그램개발, 지도자 지원 사업 등으로 생활체육참여율 향상에 기여했다고 했다.[136] '스포츠비전 2018'은 생활체육 참가율을

135 배철현(2018). 수련. 파주: 21세기북스. p.52.

136 손석정(2016). 우리나라 생활체육정책의 변화과정과 향후 전망. 스포츠엔터테인먼트와 법, 19(4), pp. 69-89.

2017년 이후 60%를 목표로 하고 있다. 정책 추진에서 현실 상황에 맞춘 적용이 필요하다. 초고령 시대의 도래, 출산율 저하시대, 다문화 가정의 증가, 디지털 문화의 확대 등 외부 환경의 변화에 맞는 생활 체육 정책의 고안과 집행이 이루어져야 할 때이다.

생활체육의 중요성은 누구나 아는 시대가 되었다. 건강한 사회를 만들기 위해서는 사회 구성원 모두의 인식 전환이 절대적으로 필요하다. 운동참여자, 정부, 학교, 지도자 등이 체육을 위한 협업(協業) 관계를 맺어야 한다. 이러한 노력은 우리사회를 복지사회로 이끌 것이다.

05 한국 여성들에게 운동을 권함

민학수 기자는 "미국에서 제일 유명한 한국 여자골퍼는 누구인가?" 라고 묻는다.[137] 이 질문을 들은 많은 이들은 박세리, 유소연, 박성현, 박인비, 김인경 등 유명하다는 여자 선수이름을 댄다. 그런데 정답은 '사우스 코리언'(South Korean) 이다. 기자가 직접 미국 출장길에서 골프 채널을 보다가 한국 여자 골퍼의 우승 소식을 전하는 아나운서의 멘트를 들은 적이 있다 한다. 이 아나운서는 한국 여자 선수 이름을 한번 어설프게 발음하고

137 민학수(2015.3.10.). 올림픽이 여자 선수들 자극했나... 한국 여자 LPGA 모두 휩쓴 비결. 프리미엄 조선.

다음부터는 '사우스 코리언'이 우승하고 멋진 플레이를 했다고 말했다. 지난주에도 사우스 코리언이 우승했는데 이번 주에 또 다시 언아더 사우스 코리언이 우승했다고 말했다 한다. 한국 여성의 힘은 위대하다.

한국은 여성 엘리트스포츠 강국이다. 골프에서만 박세리, 김미현, 박인비, 유소현, 박성현 등 쟁쟁한 선수들을 배출하였다. 배구의 김연경 선수는 세계 최고라는 평가를 받고 한국, 중국과 터키에서 종횡무진 활약 중이다. 이렇듯 엘리트 스포츠 영역에서는 세계 최고에 이르지만, 일반 여성의 스포츠 참여율은 남성에 비해 턱없이 낮다.

매년 여성의 스포츠참여는 계속 증가하고 있다. 여성의 스포츠 참여가 증가하는 이유는 그들의 스포츠에 대한 인식 변화에서 부터이다. 스포츠에 대한 자각은 참여로 인도하고, 그 긍정 경험은 여성의 좀 더 멋진 삶을 만들어준다. '스포츠 비전 2018'은 여성의 체육 참여를 활성화하기 위해서 요가나 뉴스포츠 등 여성이 선호하는 체육프로그램 참여를 유도하고, 건강 뷰티 프로그램의 개발과 보급을 하고, 여학생들에게는 유휴 교실을 적절하게 이용하여 탈의실을 확보하고, 간이실내체육공간도 만들어 여학생들의 스포츠 참여 활성화를 꾀하고 있다.[138] 여성이 좋아하는 운동을 안전하게 하고 여성의 요구 조건을 충실하게 따르는 프로그램을 개발하는 시도가 계속 이루어져야 한다.

여성이 스포츠에 적극적으로 참여하기 위해서는 세 가지의 사회적 변화가 필요하다. 첫째, 개인적 특성에 맞는 맞춤형 스포츠 프로그램이 개발되고 실시되어야 한다. 유치원, 초등학교에서부터 여자에 맞는 신체활동 교육 프로그램이 개발되고 이 프로그램이 성인이 되었을 때에도 연계할 수 있어야 한다. 중등학교 여학생들의 경우, 선호하는 스포츠 활동에 참여할 수 있도록 학교와 지역사회의 공조가 필요하다. 현재 여학생들이 가장 선호하는 스포츠 열 한 개 종목은 힙합 및 재즈, 치어리딩, 요가, 탁구, 배구, 넷볼, 플라잉 디스크, 티볼, 피구, 걷기로 나타난다.[139] 이들이 학교스포츠클럽이거나, 동아리 활동으로 운동을 마음껏 하고, 대회에 참여할 수 있는 시스템이 필요하다. 성인 여성의 경우에는, 지역 사회에서 별다른 제약 없이 스포츠를 접할 수 있는

138 문화체육관광부(2013). 스포츠비전 2018. 서울: 문화체육관광부.

139 문화체육관광부(2017년 12월). 체육백서 2016. 서울: 문화체육관광부.

지역 사회의 공간과 프로그램이 마련되어야 한다. 주민 센터는 여성들이 운동하기 최적의 공간이라 생각한다. 이 공간에 지역 성인여성들이 지방자치단체가 제공하는 양질의 체육 지도를 받는 시스템이 구축되어야 한다.

둘째, 여성들만을 위한 스포츠 지도자를 육성함과 동시에 그들의 처우를 대대적으로 개선해 주어야 한다. 여성 스포츠지도자의 자격증 취득 요건은 지금 보다는 강화되어야 한다. 여성을 위한 스포츠지도자를 은퇴한 여성 선수나 여성 지도자들을 활용하는 것도 좋은 방법이다. 현재 여성 스포츠지도자들의 수는 많다. 중요한 점은 이들의 처우를 개선하고 직업 만족도를 향상시키는 지원이 필요하다. 설수영은 현재 한국의 여성 생활체육 지도자의 열악한 상황에 대하여 이렇게 지적하였다.

"우리나라는 짧은 시간에 고도의 경제 발전을 이루었다. 이 과정에서 생활체육 역시 괄목할 성장을 거두었지만 아직 개선할 점이 많다. 특히 생활체육지도자의 경우 관련 제도가 정비 되어 있고, 여성 지도자의 비중이 매우 높은 반면, 직업의 불안정성, 상대적으로 낮은 임금, 과중한 업무 등으로 인해 직무만족도가 높지 않고 이직률이 높은 것으로 판단된다. 이는 생활체육의 테두리 안에서 지식과 현장 전문성을 축적하고 이를 활용할 수 있는 기회를 제한하고, 효과성 높은 생활체육을 어렵게 할 가능성이 높다."[140]

셋째, 여성 스포츠 기본법을 제정하고 실시해야 한다. 여성의 스포츠 참여에 대한 정당성을 부여하고, 그들의 스포츠 참여 만족도를 고취시킬 수 있는 법적 제정 및 적용이 필요하다. 여성의 체육 참여를 독려하고 여성이 스포츠를 통한 능력을 개발할 수 있는 기본법 제정은 필요하다. 각 연령별로 스포츠 참여에 대한 권리를 행사할 수 있는 여건을 조성하기 위해서 기본법이 필요하다. 특히 체육에 소외될 수 있는 여성 노인이나 출산한 여성은 지역사회에서 적절하게 생활체육 서비스를 받을 수 있도록 정보의 제공을 의무화해야 한다.

나는 여성들이 체육을 사랑해야 하는 이유를 그들의 행복감 향상에서 찾고 싶다. 여성의 사회적 진출이 계속 증가하는 시점

140 설수영(2014). 창조경제시대 생활체육여성지도자의 역할과 정책적 시사점. 한국체육정책학회지, 12(3), p. 82.

에 그들의 스트레스 또한 가중되고 있다. 특히 기혼 여성의 경우, 집안 살림, 출산, 육아, 사회생활, 시댁 눈치, 남편과의 관계 등으로 인한 스트레스가 상당하다. 이들이 스트레스에서 부터 벗어나고 행복한 생활을 하기 위해서 주기적 스포츠 참여가 필요하다. 결혼한 청장년기 여성은 집안과 사회생활 두 가지 축에서 갈등을 많이 경험한다. 중년기 이후의 여성은 신체적 능력 감퇴, 심리적 연약함으로 인하여 많은 고민에 휩싸인다. 특히 폐경 여성은 에스트로겐과 프로게스테론 등 여성 호르몬의 감소로 인한 생리적 변화가 심리적 변화를 수반한다. 사회적으로 능력을 잃어가는 남편의 역할 축소 및 경제적 능력 상실로 인한 가계 수입 감소 또한 중년 여성을 심리적으로 압박한다. 자녀도 대학생 이후에 군대, 진학, 취업 등의 길을 걸으며 엄마와의 관계가 소원해지기 쉽다. 이러한 시기에 주기적 스포츠 참여는 광명의 빛이다. 스포츠를 통하여 스트레스를 해소하고, 타자와의 소통 및 교류를 배우고, 집중을 통하여 심리적 이완을 경험하고, 날마다 변해가는 신체를 통하여 자아존중감이 향상된다. 주변을 보면 멋진 중년 여성들의 공통점은 체육을 사랑한다는 것이다. 그녀들은 거의 매일 휘트니스 센터, 요가 센터, 필라테스, 한강 둔치, 백화점 문화센터, 주민 센터 등에서 운동을 한다.

운동선수가 아닌, 일반 여성이 체육을 더 사랑하게 하기 위해서는 그들의 라이프 사이클에 따른 체육정책이 개발되고 시행되어야 한다. 요람에서 무덤까지 여성들이 체육을 통하여 행복할 수 있는 권리를 정부가 보장해야 한다. 이러한 정책이 만들어져야 자신 있게 우리 여성들에게 체육을 권할 수 있다.

06 다문화 가정을 위한 스포츠 교육

열린 문화를 가진 사회가 변화에 용이하다. 한국 사회는 이제 다문화 사회로 나가는 중이다. 여러 가지 언어, 민족과 인종이 함께 더불어 잘 사는 사회를 향해 우리 사회는 걸어 나간다. 더불어 잘 살기 위해서는 서로 이해하고 공감하는 문화가 확산되어야 한다. 한국청소년정책연구원의 연구에 따르면, 한국 사회의 체류 외국인들이 계속 증가함에도 불구하고, 사회통합의 장애물이 되는 여러 문제는 계속 발생하고 있다고 한다.

"한국사회는 단일민족의 고유성으로 다문화사회에서 다양한 문제점이 제기될 수밖에 없는 태생적 한계를 지닌다. 다문화 사회의 시작이 산업화에 따른 인력 구조 변화에 산물이라고 한다면 이와 관련된 다양한 사회적 문제도 동시에 발생하고 있는 실정이다. 외국인 노동자와 관련된 인권침해, 노동력 착취, 차별 등의 문제가 꾸준히 제기되어 왔다. 최근 들어서는 국제결혼 이주여성들에 대한 학대와 가정폭력, 인권 침해의 문제, 국제결혼 이주 가정에서 태어난 자녀들의 학교 적응 문제, 새터민들의 적응 문제 등이 언론을 통해 조명 되면서 이러한 사회적 문제를 해결 하지 않고서는 진정한 사회통합을 이룰 수 없다는 인식이 대두되었다."[141]

행복한 다문화 사회의 안착을 위해 스포츠의 역할은 중요하다. 스포츠는 다문화 가정의 행복한 삶을 구성하는 매체가 된다. 이미 선진국에서는 다문화 가정의 사회적 융합에서 스포츠가 훌륭한 역할을 수행하고 있다. 성공적인 다문화 사회 정착을 위해서는 사회 안에 스포츠를 두 가지 방향에서 접목해야 한다. 첫째, 외국인 노동자나 이주 여성들을 위한 재미있는 다문화 스포

141 재인용. 이건희, 김상유(2010). 다문화사회통합을 위한 여가스포츠 정책 방향. 여가웰니스학회지, 1(3). p.22.

츠 교육 프로그램의 구축이 필요하다. 교육자의 편의성을 재고하여 만든 프로그램이 아닌, 외국인, 이주 여성, 새터민 등이 선호하는 스포츠 활동으로 프로그램을 짜야 한다. 이 스포츠 교육 프로그램을 통해서 지역 사회에서 즐겁게 체육활동에 참여할 수 있도록 인도해야 한다.

둘째, 다문화 가정 자녀들을 위한 체육정책을 재구성할 필요가 있다. 다문화 가정의 자녀들은 우리 사회의 중요한 자산이다. 이들이 한국 사회에서 좋은 역할을 담당하는 일꾼이 되기 위해서는 이들을 위한 스포츠 정책이 필요하다. 2017년 한국스포츠개발원의 연구에 따르면,[142] 다문화 가정의 자녀들의 23%는 학업에서 문제를 느끼고 있다. 가구의 소득이 낮을수록 그리고 외국에서 오래 성장하다가 한국에 정착한 학생일수록 학업 문제를 더욱 심각하게 느낀다. 다문화가정의 청소년들은 언어적인 협박과 욕설(65.1%), 따돌림(34.1%), SNS상의 욕설 및 비방(10.9%), 신체적인 폭력이나 감금(10.2%), 갈취(9.5%)등의 폭력을 경험한 것으로 나타났다. 다문화 가정 청소년들에 대한 세밀

142 노용구 외(2017.11.). 다문화가정 청소년의 스포츠 활동 참여실태 분석 연구(기본 연구 2017-03). 한국스포츠개발원.

한 프로그램 설정 및 구축을 위해서는 이들의 가정 상황을 잘 파악하여 맞춤형 지원이 필요하다.

"다문화가정에서 성장하고 있는 청소년이 단순히 다문화 가정으로만 분류 되는지, 아니면 다문화 가정이면서 경제적 취약계층인지 또는 다문화가정이면서 저소득층 가정이면서 동시에 편부모 밑에서 성장하고 있는지 등의 행정적 분류가 필요하다. 그러므로 경우에 따라서는 운동기구를 준비해서 직접 가정에 방문하는 스포츠 지도자나 트레이너의 제도도 고려할 필요가 있고, 인프라가 잘 구축되어 있는 지역에서는 학교 또는 지역스포츠센터와의 파트너십을 통해 다문화가정 청소년에 대한 체력측정, 체력 관리 및 스포츠지도 등의 장기적인 지원이 이루어질 필요가 있다."[143]

다문화 가정 자녀의 상황을 정확하게 분류하여 그들에 맞는 체육 정책을 시행해야 한다. 자녀들이 운동을 잘 참여하면 가족 구성원 모두가 함께 운동할 가능성이 높아진다.

---

143 노용구 외(2017.11.). 다문화가정 청소년의 스포츠 활동 참여실태 분석 연구(기본 연구 2017-03). 한국스포츠개발원. p. 189.

다문화 가정의 체육 참여 활성화가 이루어지는 곳은 지역 사회이어야 한다. 지역 사회 안에서 다문화 가정 구성원들이 다른 이웃들과 함께 운동할 수 있는 여건 구성이 필요하다. 지역 사회는 다문화 가정 구성원들이 동네에서 제약 없이 운동할 수 있도록 노력해야 한다.

07 노년에 불안해 하지 않고 사는 법

하버드대학교 심리학과의 엘렌 랭어 교수는 우리는 기대한 대로 늙는다고 하였다. 나이가 들어서 체력이 약해지는 것이 아니라, 나이가 들어가니까 체력이 예전 같지 않다는 잘못된 생각이 우리의 체력을 감소시킨다. 랭어 교수가 수행한 유명한 실험인, '시계 거꾸로 돌리기'에 따르면, 70대 노인들이 20년 전의 생활환경에서 지내면서 마치 50대와 같은 체력을 갖게 되었다고 한다. 그녀의 연구는 나이가 들어가도 긍정적인 생각을 하면 우리는 젊게 살 수 있다는 것을 제시했다.[144]

144 임종업(2011.5.6.). 20년 전 일상생활 재현하니 20년 젊어졌다. 한겨레.

노년의 삶에서 건강하게 살기 위해서는 마음먹기가 중요하다. 나이 듦에 대하여 두려워하기 보다는 이를 당당하게 받아들여야 좋게 살 수 있다. 이대희는 나이 드는 것은 정상을 향해 계단을 한 단계씩 오르는 것과 유사하다고 말한다.

"정상을 향해 한 계단 한 계단 올라가는 것처럼 우리는 나이를 먹는다. 그렇게 인생의 정상에 이르게 된다. 물론 중간에 잠시 쉬면서 아래에 펼쳐진 아름다운 전경을 볼 때도 있다. 마치 인생을 살아가면서 중간 중간에 맛보는 즐거움과 같은 것이다. 그러나 그것은 잠시다. 오래 머물 수 없다. 또 땀을 흘리면서 산에 올라간다. 그것이 인생이다. 마침내 정상에 이르러서는 크게 소리를 지르고 땀을 훔친다. 그리고 정상에 오른 시원한 기쁨을 맛본다."[145]

고령사회에 접어든 한국 사회의 노인의 삶에서 운동은 선택이 아닌 필수가 되었다. 일본 보다 훨씬 빨리 고령화에서 고령사회에 접어든 한국 사회에서 노인의 건강 문제는 계속 이슈화되고 있다. 노인의 신체적인 능력 향상 외에도 운동은 사회적 고립감

---

145 이대희(2011). 멋지게 나이 드는 법 52. 서울: 작은 씨앗. pp.28-29.

을 극복하는 데 많은 도움을 준다. 남산 둘레길을 걷고 하산하다 보면 국립극장 쪽 밑에 게이트볼 경기장이 있다. 그 곳에서 게이트볼을 하시는 분들은 전부 노인들이다. 지난주에 나는 남산을 걷고 내려와서 게이트볼을 하는 이들을 오랫동안 구경한 적이 있었다. 플레이 중에 서로간의 소통, 응원, 격려 등이 어우러져 있었다. 신체적으로 많은 움직임은 없지만 함께 하는 데에서 그들은 즐거움을 나누고 있었다.

한국의 60세 이상 인구가 이미 1,000만 명을 넘어섰다. 이완정은 노인 여가소비자들을 위한 전략을 세 가지로 제언한다.[146]

첫째, 노인들의 나이를 부각해서는 안 된다. 시니어 계층의 대부분은 자신의 실제 나이보다 10세에서 15세 정도 낮게 인지하는 경향이 있다. 여가 서비스를 제공할 때에 나이를 부각하지 않아야 한다. 실패한 여행 상품의 대명사가 'OO효도상품'이다.

둘째, 직접 대면하는 서비스가 필요하다. 노인들은 휘트니스 센터에 등록하러 오거나, 운동을 할 때에 그들의 목소리에 귀 기

146 이완정(2012.9.13.). [DDR]나이는 숫자일 뿐… 액티브 시니어. 동아일보.

울이는 종업원들에게 호감을 갖는다. 특히, 운동이라는 비가시적 제품을 판매할 경우에는 대화를 하고 소통하는 과정이 필요하다.

셋째, 매장의 편의성을 극대화해야 한다. 노인들은 대부분 신체적 노화 현상에 민감하다. 노인들을 대상으로 하는 운동 센터에서는 글씨를 크게 적어 놓고 조명도 밝게 해야 한다. 매장을 미끄럽지 않게 하거나, 돋보기를 배치해 놓으면 만족도가 높아진다. 이와 같은 노인들만을 위한 특화된 스포츠 서비스에 노인들의 만족도가 높아진다. 우리 사회도 이제는 노인 소비자를 위한 스포츠 서비스가 특화되어야 하는 시대이다.

노인의 체육 활동 참여를 활성화하기 위해서는 법적 측면의 고려를 해야 한다. 노인 생활체육 법제화의 방안으로 채현탁과 백윤철은 네 가지 방향을 제시하였다. 첫째, 헌법상의 기본권으로 노인 스포츠권리를 사회복지법에 반영해야 한다. 스포츠권에 대한 보장이 담보되는 복지를 실현해야 하고, 이에 대한 사회적 투자가 사회간접자본 확보라는 인식 확산이 필요하다. 둘째, 생활체육 활성화가 이루어지도록 각종 법률을 정비할 필요가 있다. 셋째, 생활체육이 사회복지법상의 보험 산출 방식으로 적용되도록 해야 한다. 노인의료비 지출이 계속 증가되는 현실에서 운동이 보험의 산정 방식에 적용되어야 한다. 넷째, 노인 생활체육지도자가 공인된 자격을 갖추게 하고 이들을 적절하게 배치해야 한다. 노인에 대하여 잘 배우고 학습한 지도자를 일선에 배치하여 양질의 교육을 제공해야 한다.[147]

노년에 멋진 삶을 살기 위해서는 자아 정체성을 찾아야 한다. 한국 사회에서도 몇 해 전부터 경제적 위기가 심화되고 있다. 사회적으로 입지가 줄어들고 경제적인 약자로 전락하면서 많은 노인들은 불안해한다. 고령화 사회에 자신의 정체성을 찾지 못해서 불안해하는 노인들이 증가한다며 김정운은 이렇게 이야기 한다.

"고령화 사회의 근본 문제는 '연금'이 아니다. 은퇴한 이들의 '아이덴티티'(identity) 문제다. 자신의 사회적 존재를 확인할 방법을 상실한 이들에게 남겨진 30여년의 시간은 불안 그 자체다.

---

147 채현탁, 백윤철(2011). 노인의 스포츠권 증진을 위한 사회복지법상 생활체육의 법제화 방안. 스포츠와 법, 14(3), pp.114-116.

불안은 원래 미래가 불확실한 젊은이들의 정서다. 경험과 경륜의 노인들이 불안해하는 젊은이들을 위로할 때 한 사회는 균형을 잡으며 건강하게 버틸 수 있는 거다. 그러나 오늘날 아무런 대책 없이 수십 년을 견뎌야 하는 '젊은 노인들'이 갈수록 늘어난다. 문제는 불안하면 세상을 자꾸 좁혀서 본다는 사실이다. 숲과 나무로 비유하자면 불안하면 자꾸 나무만 보고 숲을 보지 못한다는 이야기다."[148]

노년에 불안하지 않고 숲을 보며 살 수 있는 방법 중 하나는 꾸준한 운동 참여이다. 내가 남산 하산 길에 만난 노인들은 하나같이 얼굴에 즐거움이 묻어났다. 운동을 통해서 자신의 삶의 즐거움을 발견해 나가기 때문이었다. 멋진 노년을 위해서는 자주 밖으로 나가야 한다. 힘들어도 함께 운동하고 웃어야 한다.

---

148 김정운(2014.12.12.). 불안하면 숲이 안 보인다!. 프리미엄 조선.

"노년에 불안하지 않고 숲을 보며
살 수 있는 방법 중 하나는
꾸준한 운동 참여이다."

08 장애인 체육, 타자 그리고 얼굴

알렉상드르 졸리앵은 혜안을 가진 철학자이다. 그는 태어날 때부터 뇌성마비라는 어려움을 갖고 태어났다. 그는 살면서 마주치는 고통에 대하여 다각도로 성찰한 철학자이기도 하다. 그는 2012년경 선에 대한 관심을 갖고 서울 대흥동에 이주해 살면서 불교와 가톨릭에 대하여 수행을 했다. 그는 저서 《인간이라는 직업》에서 "왜냐고 묻지 않는 삶"이 지혜롭게 사는 삶이 라고 말했다.[149] 졸리앵은 아무런 이유를 갖지 않는 삶의 미학을 노

149 알렉상드르 졸리앵(2015). 인간이라는 직업(임희근 역). 파주: 문학동네.

래한다. 이유 없음은 온전하게 현재에 몰입하게 만든다. 이 멋진 철학자는 태어나서부터 하루도 힘들지 않은 적이 없었다. 졸리앵은 장애로 인해 힘들어도 자신을 둘러싼 이유나 집착에서부터 벗어날 때에 삶의 의미와 내적 평화를 찾을 수 있다고 하였다. 이는 장애를 가진 사람이나 그렇지 않은 사람 모두에게 해당된다.

한국에서 장애를 가진 사람은 '타자의 편견'에 휩싸이곤 한다. 특히, 장애를 가진 사람이 운동할 때에는 곳곳에서 제약을 만난다. 집을 나서는 순간에서 부터 장벽에 부딪친다. 운동 기구 하나, 하나에 접근하는 데에도 많은 어려움이 산재해있다. 진정한 선진 사회란, 장애인들이 어렵지 않게 운동할 수 있는 여건을 가진 사회이다.

2005년 개정된 국민체육진흥법은 장애인 체육에 대한 명시와 2008년 장애인차별 금지 및 권리 구제 등에 대한 법률을 두었다. 2005년 장애인 체육 업무가 보건복지부에서 문화체육관광부로 옮겨짐에 따라 장애인 체육의 행정이 좀 더 체계적으로 바뀌게 되었다. 또한 2005년에 대한장애인체육회가 설립되면서 장애인 스포츠의 새로운 장이 열리게 되었다. 여러 가지 변화에 따라 장애인 생활체육 참여율은 2006년의 4.4%에서 부터 매년 1%씩 증가하고 있다. 2016년에는 참여율 17.7%라는 획기적인 증가가 이루어지기도 했다. 그럼에도 장애인의 생활체육참여율은 국민생활체육 참여율인 49.6%보다는 한참이나 낮다. 전체 250만 명의 장애인 중 80% 이상은 아직도 체육의 즐거움을 경험하지 못하고 있다.[150]

우리 주변의 생활체육 제약은 감소하고 있다. 지역 사회에서 운동을 하는 데 큰 제약이었던 운동 공간 문제도 많이 해결되고 있다. 지역 사회의 유휴지나 공터가 지역민의 체육공간으로 변모한 곳도 늘고 있다. 민솔희와 조재훈은 장애인 체육의 경우, 공간 제약 외에도 아직까지 존재하는 비인권적 상황이 장애인 체육 활성화의 걸림돌이 된다고 말한다.

"장애인 체육은 스포츠의 인권과 장애인의 인권이라는 측면에서 이중의 비인권적 상황이 중첩되어 발생할 수 있는 가능성

---

150 김권일, 성문정, 김인애(2017). 국내·외 장애인 생활체육 현황 분석을 통한 시사점 모색: 한국, 영국, 미국, 일본 사례를 중심으로. 한국특수체육학회지, 25(4), p.144.

을 안고 있다. 스포츠 현장에서 일어나는 일반적인 인권침해 사례들 이외에도 장애 분야에서 빈번하게 일어나는 차별, 장애비하, 이동권과 접근권 실현의 어려움 등이 중첩되어 나타나고 있다. 실제 현장에서는 이러한 사례가 빈번하게 발생되고 있고 최근에는 일부 사건들이 언론을 통해 전해지고 있다."[151]

위의 말에 공감한다. 우리 사회 안 스포츠 현장 내의 인권 유린 현상이 얼마나 비일비재한가! 현 구조상 스포츠 장에서 장애인들은 이중고 삼중고를 경험하기 쉽다.

레비나스는 자아와 타자의 관계는 얼굴을 통하여 구체화된다고 하였다. 나와 너는 얼굴과 얼굴을 통해서 만난다. 타자의 얼굴은 나의 존재 형성에 영향을 미치고 내 욕망에 제한을 가한다. 레비나스는 타자와 관련하여 윤리라는 개념을 철학적으로 성찰하였다. 그는 제 2차 세계대전 전쟁 중 나치로 인하여 부모와 두 동생이 비극적으로 죽는 것을 목격한다. 이후 그의 철학은 타자의 얼굴과 윤리에 집중되었다. 레비나스가 강조하는 윤

151 민솔희, 조재훈(2017). 인권 패러다임 관점의 장애인 체육활동 모형 연구. 한국특수체육학회지, 15(1), p.18.

리란 타자를 잘 책임지는 것이다. 우리가 평화적인 세계를 구축하기 위해서는 어려워하는 타자에게 달려가서 그들의 요청에 부응해야 한다. 그렇다면 왜 나는 타자의 요청을 들어주어야 하는가? 레비나스는 내가 '나'를 완성하기 위해서 이 요청 수락이 필요하다고 하였다. 나의 삶에 깊숙하게 들어와 있는 타자의 어려움을 모른 체한다면 나는 결코 진실한 나를 만날 수 없다. 내가 장애를 가진 타자에 대하여 그들의 도움을 모른 체한다면 레비나스는 나에게 "너는 진정한 인간이 되지 못했다"라고 꾸짖을 것이다. 레비나스는 타자의 요청에 귀 기울이는 삶은 나를 완성해나가고 세계를 평화롭게 만드는 길이라고 했다. 김도형은 타자에 응답하고 어느 부분 책임지는 삶의 구조에 대하여 이렇게 언급한다.

"나는 나의 존재를 넘어설 수 있다는 점에서, 타자에 대한 나의 책임을 떠맡을 수 있다는 점에서 자연을 넘어서 있다. 우리가 우리 자신의 행동 법칙과 우리 실존의 의미를, 심지어 우리 자신의 자기의식을 발견하는 곳은 우리의 마음 깊은 곳에서나 내성에서가 아니라 자기 자신 바깥에서, 정확히는 타자의 직접적인 요구에 대한 구체적인 응답 속에서다. 우리는 타자에 대한 아나

키적 책임 속에서 우리 자신을 설명하라고 요구받는다."[152]

나는 레비나스를 통해 장애인들과 더불어 체육 하는 법을 깨달았다. 장애인 타자의 요청에 대해 외면하지 않는 것, 장애인의 체육 권리가 이행되도록 충분히 도와줄 수 있을 때에 나는 진정한 '나'로 거듭날 수 있다. 여기서의 나는 내가 그토록 찾아 헤맸던 내면과 만날 수 있는 자아이다. 이는 진정한 자아(authentic self)이기도 하다.

152 김도형(2018). 레비나스와 정치적인 것. 서울: 그린비. pp. 143-144.

09 중년 남성에게는 스포츠살롱이 필요하다

사회생활을 하는 사람은 어느 시기에 은퇴를 맞이한다. 영구적으로 직업 세계에서 일하기란 불가능하다. 한국 사회에서 조기 은퇴라는 개념이 회자되기 시작한 시기는 IMF 직후였다. 과거 '일에서부터 물러남'은 축하와 더불어 생산 주체에서의 후퇴로 인해 격려를 받는 일이었다. 새 밀레니엄 이후 40대 은퇴자들도 많이 늘었다. 이제는 중년이 시작함과 동시에 인생 이모작에 대하여 진지하게 생각해 보아야 한다. 우리 시대의 중년은 일과 여가를 잘 병행하는 세대이다. 중년 남성의 여가를 생각하면 자주 떠오르는 개념이 조용헌이 추천하는 '살롱'이다.

"남자들의 놀이터는 '살롱' Salon이다. 유럽의 문화에서 부러운 것이 이 살롱이다. 남자들끼리 모여서 장기 두고 담배도 피우고 가볍게 술도 한잔 하면서 이런저런 담론을 나누는 장소 말이다. 우리는 이게 없다. 일제 강점기를 거쳐 한국 전쟁을 겪고 산업화가 되면서 너무 먹고 사는 문제에만 골몰하다 보니 어디가 어딘지도 모르는 채 죽자 살자 달려면 왔다. 문득 오십 고개를 넘고 육십 고개가 앞에 보이니 지난 세월이 돌아봐진다. '아, 해 놓은 것도 없이 인생 헛살았다.'는 자탄이 온다. 이럴 때 모여야 한다. 살롱에서! 룸살롱 말고 말이다."[153]

조용헌이 말하는 살롱은 일종의 '아지트'이다. 남자들이 만나 사는 이야기를 나누고, 바둑 두고, 차 마시고 간단히 술도 한잔 할 수 있는 최적의 레저 공간이다. 이와 같은 공간을 갖고 있거나, 알고 있는 중년의 삶은 행복하다. 반대로 인생 이모작 시기에 친구와 함께 할 수 있는 여가 공간을 나눌 수 없다면 행복감을 느끼기 힘들다. 중년의 삶이 팍팍하게만 느껴진다. 나는 중년기에 행복하기 위해서는 '스포츠 살롱'에 자주 나가야된다고 생각한다.

---

153 조용헌(2018). 조용헌의 인생독법. 서울: 불광출판사. p.273.

스포츠 살롱이란, 친한 중년들이 모여서 세상사는 이야기를 나누고, 맛있는 것을 먹고, 서로 위안을 받고 그리고 함께 운동할 수 있는 공간이다. 이를 너무 거창하게 생각할 필요는 없다. 동네 탁구장일 수도 있고, 당구장일수도 있으며, 실내 골프 연습장이 될 수도 있다. 이는 중년의 여가 시간 동안 함께 체육 하는 공간이다.

중년기에 스포츠 살롱에서 즐거운 인생을 살기 위해서는 기본적으로 두 가지를 신경을 써야 한다. 첫째는 청장년 시기부터 좋아하는 운동을 꾸준하게 해야 한다. 중년기에 새로운 운동을 배우기는 힘들다. 몸과 마음이 예전 같지 않다. 이십대처럼 재빠르게 볼을 잡으러 가기도 힘들다. 나도 간혹 운동을 하다가 몸과 마음이 따로 노는 것을 느낀다. 마음은 이미 공으로 달려가고 있지만 내 다리의 순발력은 이미 오십대 중년의 능력을 못 벗어난다. 중년기에 운동을 즐겁게 하기 위해서는 젊은 시절의 여가 시간 동안 최소 한 두 개의 스포츠 종목은 마스터해야 한다. 청년기부터 중년을 지나 노년기에 이르는 동안 꾸준히 운동하기 위해서는 자신의 스포츠 평생교육 가치관의 정립이 필요하다. 최고로 공부 효과를 내는 법은 자각에 의한 학습이다. 내 스스로가 공부의 필요성을 깨달으면 누구나 우등생이 된다. 마찬가지로 운동에 대한 가치를 스스로 체득하는 순간 중년기의 평생 체육은 순탄하게 펼쳐진다.

둘째는 중년기에 스포츠 살롱을 만들거나, 드나들기 위해서는 충분한 '여가 비용'을 확보해야 한다. 행복한 중년은 경험을 소비한다. 행복한 그들은 자동차나 옷을 사기 보다는, 친구와 골프 라운딩을 하고, 아내와 제주도 여행을 간다. 중년의 여가 경험은 물건처럼 남지는 않지만 멋진 기억을 의식에 심어준다. 중년 이후의 내가 누구인지는 그 사람의 경험으로 파악된다. 골프를 하지 않는 사람은 타이거 우즈의 부진과 내 골프 슬럼프의 유사성을 이야기할 수 없다. 여가 비용을 확보하기 위해서 청년기부터 계획을 세우는 것이 좋다. 청년기에는 중년기의 스포츠 즐거움을 위해서 저축 및 투자를 해야 한다.

우리 시대에 중년 남성들에게 스포츠 살롱은 그들의 인간다운 삶을 위한 시공간이다. 중년 이후에 우리는 새로운 경험록(經驗錄)을 만들어야 한다. 이 시기에 축적되는 스포츠를 통한 경험은 우리를 행복하게 한다. 스포츠 살롱에서는 누구나 즐겁게 운동하고 많은 대화가 오가야 한다. 서로 땀을 흘리며 즐거움을 나누고, 간단한 내기도 하고, 운동 후에는 함께 식사를 하면서 서로의 삶을 위로해야 한다.

중년기의 중요한 문제는 신체보다는 심리이다. 신체적 노화보다 심리적 노화 속도가 훨씬 빠르다. 심리적인 노화를 예방하기 위해 스포츠 살롱에서 신나게 운동을 해야 한다. 중년 남성의 마음은 갈대보다 더 흔들린다. 내가 중년이 되니 그렇게 느끼고 있다. 아주 작은 일에도 쉽게 상처받게 된다. 예전과 다르게 별거 아닌 일에도 신경이 쓰이고 후회하는 일들도 늘어간다. 이런 심리적 변화 속에서 마음의 위로를 받을 안식처가 필요하다.

백세 시대에는 여가 경영이 중요하다. 남는 시간 동안 즐겁게 놀 수 있는, 재미있게 운동할 수 있는 자신 만의 노하우를 반드시 갖고 있어야 한다. 특히 중년 남성들은 자신만의 여가 경영에 대하여 진지하게 생각해야 한다. 지금부터 살아야 하는 시간이 아주 많이 남았다. 그 시간 동안 행복하기 위하여 스포츠 살롱과 같은 공간을 만들어야 한다.

"중년 이후에 우리는 새로운 경험록(經驗錄)을 만들어야 한다.
이 시기에 축적되는 스포츠를 통한 경험은 우리를
행복하게 한다."

에필로그

인간은 자기 자신의 별이다.
정직하고 완전한 인간을 만들 수 있는 영혼은
모든·빛과 모든 힘과 모든 운명을 지배한다.
그에게는 어떤 일도 너무 빠르거나
너무 늦게 일어나지 않는다.
우리의 행위는 곧 우리의 천사. 선이든 악이든,
조용히 우리와 함께 걷는 운명의 그림자다.
-보몬트 · 플래처, 《정직한 자의 운명》중에서.

책 마무리 작업 중 에머슨의 책에서 발견한 "인간은 자기 자신의 별이다"이라는 구절이 사람을 몽롱하게 만듭니다. 지금 스스로의 자리를 묵묵하게 지키고 있는 모든 사람들은 가슴 속에 별 하나씩을 갖고 있습니다. 그 별을 발견해 나가는 과정이 인생 아닐까요?

EPILOGUE

여기 적은 글들은 저의 스포츠에 대한 단상(斷想) 모음입니다. 대학에서 스포츠에 대하여 학생들에게 가르치고 그들과 함께 한 스포츠 담론으로 희로애락을 느끼고 산지가 벌써 이십여 년이 됩니다. 오래전부터 느끼는 것이지만 '앎'과 '씀'의 간격은 굉장히 큽니다. 체육에 대하여 많이 아는 것 같지만 그 아는 것을 글로 옮기려다 보면 어느새 증발해버린 망상의 자국 앞에서 우두커니 있은 적이 한두 번이 아닙니다. 그래서 많은 좌절도 했지요.

교정을 하면서 그 동안 제가 스포츠에 대하여 품었던 연모의 정을 들킨 것 같아 쑥스러웠습니다. 그럼에도 글을 다듬어 나가면서 제 이야기를 늘어놓으며 행복했습니다. 인간이 자기 스스로의 별을 발견하기 위해서는 좋아하는 일을 해야 한다는 것도 깨달았습니다. 스스로 선택하고 집중할 때에 자신의 내면을 볼 수 있다는 것을 이번 글 작업을 통해 알 수 있었습니다.

EPILOGUE

저는 삶이 지치고 힘들 때 마다 스포츠 안을 들여다봅니다. 역전승의 군산상고, 역도산, 김일, 손기정, 남승룡, 차범근, 히딩크, 박찬호, 박세리, 타이거 우즈, 마이클 조단 등의 스포츠 영웅이 이겨낸 역경을 통하여 삶을 배우게 됩니다. 이 책은 스포츠를 통해 나를 발견해 나가고자 한 흔적입니다.

본 졸저를 통해 여러분들의 스포츠에 대한 혜안이 넓어지고, 이를 통해 나 자신에 대하여 들여다 볼 수 있는 기회를 갖기를 소망합니다.

"여러분은 자기 자신의 별입니다."